JN311495

Cito 旧オランダ王立教育評価機構ライセンスカリキュラム
Piramide《ピラミッド・メソッド》Method

小学校との連携
プロジェクト幼児教育法

ジェフ・フォン・カルク（教育心理学博士　ピラミッド・メソッド開発者）
辻井　正　　　　　（社会学博士　ピラミッド・メソッド教授資格者） 共編著

Octave

目　次

はじめに　*1*　　　　　　　　　　　　　　　　　　　　　　　　　　　　　辻井　正

序　章　　国土の大半が海抜０メートルのオランダ
　　　　　　―子どもに洪水を教え続けるオランダと東日本大震災「津波てんでんこ」　*3*
　　　　　　　　　　　　　　　　　　　　　　　　　　　　　　　　　　　　辻井　正

第一章　　なぜ、プロジェクト型カリキュラムなのか？　*12*　　　ジェフ・フォン・カルク

第二章　　百年続いた一斉型教育から プロジェクト幼児教育の導入は可能か？　*24*
　　　　　　　　　　　　　　　　　　　　　　　　　　　　　　　　　　　　辻井　正

第三章　　プロジェクト幼児教育はこのように展開します　*34*
　　　　　　　　　　　　　　　　　　　　　　わんぱく保育園園長　吉村　登志子
　　　　　　　　　　　　　　　　　　　　　　　　　　　　　　　　　　　　辻井　正

第四章　　誰でもが、簡単に取り組めるプロジェクト幼児教育　*47*
　　　　　　　　　　　　　　　　　　　　　　　　　春日保育園園長　野町　麦葉

第五章　　行事のありかたとプロジェクト　*58*　　　　　　中関幼稚園　主任　萬谷　恵

第六章　　ポートフォリオ（記録法）評価の実行方法　テストからポートフォリオ評価へ　*68*
　　　　　　　　　　　　　　　　　　　　　　　　　　　　　　　　　　　　辻井　正

第七章　　イエナプラン幼稚園　*74*　　ドイツ・チューリンゲン州イエナ市在住　リートケ　瑞恵

第八章　　プロジェクト幼児教育の実践　２歳児　テーマ『虫』　*94*
　　　　　　　　　　　　　　　　　　　　　　奈良市立都南保育園　保育士　勝山　なおみ

第九章　　プロジェクト幼児教育の実践　『数』を学ぶ　*108*
　　　　　　　　　　　　　　　　　　　　　　帯広ひまわり幼稚園園長　佐藤　みゆき

第十章　　プロジェクトが運動会（スポーツデイ）になった　*118*
　　　　　　　　　　　　　　　　　　　　　　　　あおい幼稚園　園長　田中　真美

あとがき　*126*　　　　　　　　　　　　　　　　　　　　　　　　　　　　辻井　正

参考文献

はじめに

　「子ども」という言葉の響きが、将来への希望よりも不安感に包まれるような昨今です。また、マスコミは「2050年の日本」（注1）の姿を、期待感や絶望感を交えてさまざまに描いていますが、不安感に包まれているのは私個人だけではないような気がします。子どもの生活や日本の未来に幸福感や希望を持てない現実は、子どもたちの生活にも顕著に表れています。大人たちを震撼させるような、いじめや自死等の「子ども事件」は、大体10年を周期に繰り返されていますが、その背後にある日常的な不登校、ひきこもり、学校内暴力、さらに学習意欲の低下現象は一層深刻で、中学から大学院卒業までに学校を離れる子どもが3割という調査も出ています。（注2）増加する高校中退者の多くは、自尊感情ゼロに等しく、努力や知識獲得が自分の人生を支えるのではなくて、人生は全てキャラ（持って生まれた能力）で決まると考えています。（注3）「日本は、いわばカンフォタブル・ライフ・シンドローム（快適な生活症候群）」に陥っている。国内にとどまり、まずまずの仕事に就き、安楽な暮らしに甘んじる——。80年代に日本が重要な国として位置づけられたのは、（人が）世界中に進出し、ベストなものを見分ける力があったからだが、今では、ずっと内向きになっている、とアメリカの経済学者は指摘するように、現状の幸福感に70％の若者が満足しているのも事実です。（注4）

　プロジェクト幼児教育法はテーマ型或いはトピック方式とも呼ばれ、西欧先進諸国が力を入れている21世紀の幼児教育法であり、生きる力の決め手となるカリキュラムだと評価されています。オランダでは政府支援でCito（旧オランダ王立教育評価機構）が、オランダの幼児教育の根幹にプロジェクト教育法（ピラミッド・メソッド）を位置づけました。日本の伝統的な教育法にどっぷりとつかって学んできた私が、10数年前にオランダの保育園（幼稚園）を見学した時のカルチャーショックをいまだに覚えています。子どもたちは食卓を囲むように座り、それぞれのテーブルに与えられている課題（テーマ）が異なり、先生はゆっくりと保育室を歩きながら、まるで子どもと世間話をするように語りかけていたことです。隣の保育室の男性保育者はマグカップを手に子どもたちを指導し、子どもも先生をファーストネームで呼んでいました。子どもたちは先生に引率されて園庭や郊外に出てから再び保育室に戻り、見たり聞いたりした体験を話し合っていたのです。オランダ語を話せない私にも、彼らが先生を囲んでサークル状に座って活発な会話のやり取りが生き生きと伝わりました。（サークルタイム）一見のんびりした教育で育ち、学校では宿題なし、塾に通う子どももいないオランダの子どもの学力はと疑問を持ちましたが、2003年から行われているPISA（国際学習到達度評価）では、世界一のフィンランドの子どもと肩を並べる力量です。

　Cito（旧オランダ王立教育評価機構）の民営化（1999年）と共に、日本、ドイツ、アメリカ、そしてオランダの幼児教育関係者がアーネム（オランダの古都）に集まり、プロジェクト教育法の理論的背景がカルク博士から講義があり、それぞれが導入への期待感と不安感を抱きながらの3日間の国際会議でした。最終日に、カルク博士が私に向かって、日本に導入したいというあなたの発言を聞いて、アメリカの幼児教育関係者が、日本がやると言うなら私たちも導入に踏み切ると意思表示したと耳打ちしてくれました。

　オランダに来て改めて日本の教育への評価の高さを知ると共に、ヨーロッパの論理的に構築されたプロジェクト幼児教育理論（構造化された保育）を、日本の伝統的な心情や感情理解を得意とする幼児教育（保育）界に、受け入れられることの不安感はありましたが、ますます西欧先進諸国がワンワールド（グローバリゼーション）に向かって進んでいる現在、高度な日本語（言語能力）を身につけ、日本的風土の中で育ったコミュニケーション能力でもって、海外に向かって発信出来る子どもたちを育てたい願いで出稿させていた

だきました。

参考文献
1．文藝春秋　11月2012年
2．若者が無縁化する　　宮本みち子　　ちくま新書
3．キャラ化する、される子どもたち　　土井隆義著　岩波ブックレット
4．絶望の国の幸福な若者たち　　古市憲寿著　　講談社

序章

国土の大半が海抜０メートルのオランダ
―子どもに洪水を教え続けるオランダと東日本大震災「津波てんでんこ」

NPO法人国際臨床保育研究所 所長
ピラミッド・メソッド教授資格者 社会学博士 辻井 正

> ローマ時代から2000年間洪水（海水）と闘い続けるオランダでは、幼児期から洪水と闘い続けた国土建設の話を教えます。国家創設の歴史と共に洪水に対する知識と危機管理への対応、そして巨大な自然災害に対峙する国家組織と個人意識の在り方を、書物からの知識ではなくて、プロジェクト幼児教育法と呼ばれる体験型共同学習（日本の小学校で行われている総合的な学習の時間）が保育園や幼稚園で行われています。東日本大震災後、幼児教育現場における危機管理意識が高まってきましたが、所詮、危機に対応する訓練的な発想から抜け切れていません。
> 「巨大津波は一千年に一回という意識があるが故に、津波の恐ろしさは数年経てば忘れ去られる。また、ハイテク地震研究に多大な予算を使うよりも、「てんでんこ」（逃げろ）思考と津波災害を風化させない教育の方が大切だ。（山下 文男）」という意見も説得力があります。生きる力の切り札と言われる、オランダのプロジェクト幼児教育法に注目したいと思います。（辻井 正コメント）

オランダの歴史は水との戦いの歴史

オランダはローマ時代アルプスから流れてくるライン川、スヘルデ川、マース川の河口に大きな堤防を築いて作り始められた国だと言われています。現在でもオランダをNetherlandと呼びますが、Nederland（低地）といわれた名残で、人口の６割が海抜０メートルの干拓地で生活しています。低地を干拓して豊かな牧草地帯を作り上げたオランダの歴史は水との戦いの歴史でした。幅１メートルに満たない細い運河から大型船が運航する運河まで、無数の水路が国土一面に張り巡らされています。私はオランダとの国境沿いにある、ドイツの障がい者施設（ベーテル）に勤務していた頃、友人たちと幾度か国境を越えて（ユーロ圏は以前国境線がありました。）オランダ領に遊びに行きました。干拓地を日本でいう海を干し上げて土を入れる埋立地だと思い込んでいたのですが、オランダの干拓地は日本人が考えている埋立地の干拓とは違います。オランダの干拓地は海から入り込んでくる海水を、無数の運河に流して再び海に戻す高度な土木技術で、長い時間かけて作り上げられて来ました。入り込んでくる海水を再び海に戻す技術が有名なオランダの風車です。（現在は巨大な回転軸を使って平地から海に流しています。）「神は世界を作ったが、オランダはオランダ人が創った」とオランダ人が胸を張って言うのも納得できます。国土を被う堤防は治水だけでなく、外敵の侵入に対して堤防を破壊し、洪水を起こして国を守る方法を「洪水線」と言われ、スペインとの戦争（80年戦争1568年～1648年）に於いても、高い堤防を崩壊させて、海水が洪水のように襲ってスペイン軍を恐

（オランダの洪水による決壊　Delft市HP）

怖に陥れた歴史もあります。オランダ人の強い個人という意識と、組織を守るという考え方のバランス感覚を生み出したのは洪水の歴史だと思います。中国の万里の長城に匹敵する堤防建築の歴史は、小国の過酷な歴史の中で個人意識が鍛えられ、平地に貯まり続ける海水を陸との均衡状態に保つ技術は、国土全体の調整と調和との強い意識で作りあげられたのです。

Interactive reading　対話的語り聞かせ

　保育や教育現場で問題になっている一つは、子どもたちが先生の話を聞けないだけでなく、一日中落ち着きがなく騒いでいる子どもが多いことです。聞こえてはいるが聞いて判断する力が弱っているのです。現代の子どもの言語表現力の問題の一つは耳が育っていないことです。幼児の一日のテレビの視聴時間（年間平均）は4時間という数字は10年間変化していません。また、睡眠時間調査でも3歳児の50％近くが夜9時以降に寝ています。「テレビ脳の恐怖」とテレビ先進国アメリカで騒がれていますが、テレビが得意とするテクニックは突然のクローズアップ、パン（左右動）、ズームを繰り返されることで、自分と他者との適当な距離、個人と個人の空間を保つための反射機能が弱められ、明るい色、早い動き、突然のノイズは脳が危険を知らせる変化に対して、敏感に反応する力が弱まります。それだけでなく刺激に対して身体が反応しなくなり、過剰な刺激状態は子どもを多動、フラストレーション、過敏な興奮の原因とされています。

　日本の子どもの耳を育ててきたのは「語り聞かせ」です。小さい時から繰り返し祖父母から聞いた民話が、耳からの記憶となって次世代に引き継がれてきた昔話です。しかし、今どき、保育の現場で語り聞かせをできる先生は僅かで、大半は文字をそのままに読む読み聞かせです。一話が10分から30分する語り聞かせは頭で覚えるものではなくて、祖父母から親へ、そして孫に伝えられた時間の中で記憶されてきた話だけに、現在の我々にはまねのできない技法です。語り聞かせは語り手が自分の身体に取り込んだ記憶であり、それに対して読み聞かせは活字のままを読んで正しく聴かせるやり方です。

　語り聞かせが子どもの耳を育てた理由の一つに、聞き手は読み手に合わせて相づちや、合いの手と呼ばれる応答をすることです。語りのひと区切りごとに聞き手が相づちを打つことです。「ハァ」（岩手・青森）「オットー」（秋田）「サースケ」（新潟）「アア、ソーケエ」（長野）と地方によって違っていたそうです。（注1）それに対して読み聞かせは保育者の一方通行で、子どもたちが退屈しないように工夫や努力が必要です。

　オランダのプロジェクト幼児教育に、日本の民話を語り聞かせる手法と同様な、読み手と聞き手がやり取りをしながら絵本を読む Interactive reading（対話的語り聞かせ）手法があります。オランダ人が愛する絵本作家は、国際アンデルセン画家賞受賞のマックス・ベルジュイスです。ユーモラスなかえるくんを主人公にした絵本で、オランダの子どもだけでなく大人にも人気があります。（注2）

洪水をテーマにしたプロジェクトではベルジュイスの作品「すごいぞ　かえるくん」（セーラ出版・清水奈緒子訳）が使われます。プロジェクト法の基本は次のような四つの段階を経て、先生と子どもの相互のやりとり（interaction）で展開されます。使用される作品「すごいぞ　かえるくん」は洪水に直面した力

エルくんが、食料がなくなり仲間たちが空腹で苦しむ中、勇気を振り絞って水に飛び込み助けを求めに行くという物語です。

展開方法

（1）導入と本の要約を語る（具体的な説明をする）

1. 子どもたちがすでに身につけている洪水に関する知識を把握しておきます。
2. 卓上砂場の川岸には低い場所から高い場所までに3軒の家が建っています。水を少しずつ入れさせて家を超えるぐらいまで水が入ると、何が起こるのかに気づかせます。
3. 本のページを少しずつめくりながら何が起こっているのか、また、砂場との関係を話し合います。
4. カエル、アヒル、野ウサギ、ネズミの縫いぐるみ人形で遊ばせます。「動物たちは何を話しているの？」「どこに住んでいるの？」とたずねます。

まず、絵本の導入を行うことから始めます。先生が絵本の要約を話すことで、子どもたちは絵本のカバーを見て感じたことを語ります。次に、子どもたちと一緒にページをめくります。文字通りに読むことではなくて、子どもたちが描かれた絵に反応するように導きます。やや大げさに子どもたちがいろんなことに関心を持つように働きかけます。

（「すごいぞ　かえるくん」を手に、先生は子どもたちに語りかけます。）

（2）具体的に物語を読む（見本を見せてあげる）

1. 子どもたちが手に取り触るという感覚的なチャンスを増やします。
2. 洪水で食料が少なくなっていく現実に気づかせます。
3. 子どもたちが家から持参した野菜でシチューを作って縫いぐるみの動物たちを招き、子どもたちと一緒にテーブルで食べます。本の物語と関連づけて何が起こったのか話し合います。
4. 卓上砂場の水におもちゃの船とプラスチックの動物を置きます。

物語を読むことで子どもたちは絵本の内容を理解し、絵本の中の重要な人物や出来事に関心を向けます。絵本の中心的な内容を理解させ、質問も子どもの身近な問題と関連させます。また、本を読み文字に親しみを感じさせます。読むことに力を入れ、質問をたずねてあげます。例えば、物語の出来事を子どもと見ながら「この出来事を覚えている人は誰？」とたずねます。それから子どもたちに絵本を見せて、「この絵本をどのように感じた？」と質問します。身近な質問、例えば、「先生にどこか教えて」、「何々を持っている？」といった質問を通して、基本的なことが明確になります。そして、子どもに問い掛けながら絵本を読み、子どもが絵本から獲得したことを拾い上げます。子どもたちが可能

（洪水の状況を保育室の中で再現して具体的に洪水では何が起こるのかを具体的に見せます。）

な限り、自分の感覚を使って理解できるように導きます。絵本の内容がより明確になります。どれが大事な人物であり、出来事なのかたずねます。

（3）物語を話し合う（理解を広める）

1. 子どもたちの体験と比べたり、対立させたり関係づけて理解を深めます。
2. 子どもたちが知っている雨の体験を話し合います。「毎日毎日はげしい雨が降ってきたらどうする？」「何が起こるの？」「何に気を付けなければいけないの？」
3. 本の中の出来事と子どもたちの体験を比較させます。
4. レインコート、長靴、傘を使って遊びを展開します。

判断力を養うために、これまでとは違って、物語の具体的な内容や子どもの個人的体験と切り離した状態で行います。最初は物語の異なった部分の関連に注目させます。また、物語の流れと関連した子どもの個人的な体験を結びつけます。現実の物語よりも次第に距離を取り、少しずつ物語の構成に気づかせます。比較するというやり方で、物語の具体性と物語から距離を取った場合の実例を示してあげます。子どもは先生と一緒に考え、物語を追加したり演じたりすることができます。物語の難しい部分を取り上げて、それをどのように解決するのかを話し合います。子どもの個人的な体験と比較させることは大切なことです。何が同じで何が違うのか？

もう一度物語を読んであげます。物語の違いの部分をはっきりと示してあげます。まず、「何が起こったのだろう？」（やや具体的に、あまり主題から離れない。）可能ならば保育者と一緒に考えて子どもに演じさせます。これから何が起こるのかな？子どもが考えるためのヒントや指摘や実演等を通して、一層、子どもの考え方を広げて行きます。特に、子どもの経験との関連で、例えば、「これまで何かを失ったことはある？」「それからどうしたの？」「どこだった？」「何を見たいの？」「何をやりたいの？」そして、もう一度、難しい内容をはっきりとさせます。こうすることで、子どもは自分の体験と物語の中で起こる出来事を関連づけ、比べることが出来ます。ゆっくりと確実に子どもたちは物語を全体として理解するようになります。

（絵本の内容を子どもたちに問いかけます。）

（絵本の主人公たちを使って食料がなくなる状況を演じさせ、食料の分配という考え方を学ばせます。）

（4）物語の流れを掘り下げる（理解を深める）

1. 問題の解決方法を考えることで内容を深めます。
2. 出来事の流れと具体的な出来事を簡単なフランネル布地とボードを使って再現します。
3. 卓上砂場の川岸に注目させて、どうすれば家を安全に洪水から守れるかを話し合います。
4. 万一、子どもたちが洪水にのまれたらどうするのかたずねます。

　理解を深める過程で物語の流れに対する関心を高めてあげます。多くの内容が理解され生き生きとしたものになります。先生は子どもたちに、絵本の内容を語り、演じさせ、そして絵本は保育者が大切にしているものであり、これからも継続的に使われることを子どもたちに意識させます。「どんな物語だった？」と再びたずねます。「何がありましたか？」先生のたずねた事柄をさらに前進して考えさせます。最後に、もう一度絵本を読みます。そして、距離感のある事柄と子どもの体験についてたずねます。「何があったの？」「これからどうなるの？」絵本の事柄と関連する難しい問題を、例えば、「どうする？」「想像してごらん？」とたずね、再び、物語に戻ります。そして幅広い内容との関連、例えば、「すごいぞ　かえるくん」の洪水で、実際の洪水の写真を見せて絵本の洪水と比べさせるような方法を用います。

（洪水を知らなくても大雨を体験している子どもたちに大雨体験を演じさせ、洪水を身近に感じさせます。）

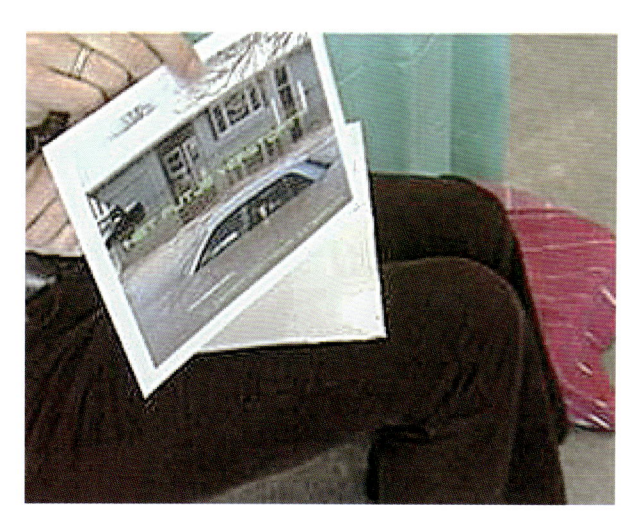

（実際に洪水の写真を見せながら絵本との関連を理解させます。）
（注3）

東日本大震災からの教訓「津波てんでんこ」

> 「東日本大震災は、防災教育の重要性を浮き彫りにした。「想定外」の巨大津波が多くの命を奪った一方で、市内の全小中学校で津波防災教育に取り組んでいた岩手県釜石市では、ほとんどの小中学生が津波から逃れて無事だった。こうした被災地での教訓を踏まえ、政府の中央防災会議の専門調査会は昨年9月に、まず逃げることの大切さを指摘。」（讀賣新聞 2012年8月16日）

　日本では、幼児に絵本を読んで聞かせるねらいは、主として知識獲得や感情理解に重きが置かれ、絵本に描かれている内容を深くくみ取らせ、子どもの感情や心の動きを察知しながら語ることに、保育者はエネルギーを費やします。プロジェクト幼児教育のやりとり　Interactive reading（対話的語り聞かせ）の展開方法は、日本的な絵本の読み聞かせに親しんでいる保育者には、戸惑い感を与えるかもしれませんが、オランダの幼児教育の大きな関心ごとは、子どもにグローバリゼーションに対応できる能力、すなわち「生きる力」の獲得を目指しています。情緒を育て知識を獲得させることも、幼児期の大切な能力の一つですが、リテラシーといわれる、今の社会を生きるために求められる能力も重要な課題です。特に、日本が被った未曾有の東日本大震災を契機に、幼児の災害教育のあり方も再検討されています。災害に限らず身近に起こり得る危機に対処できるリテラシー能力の必要性です。

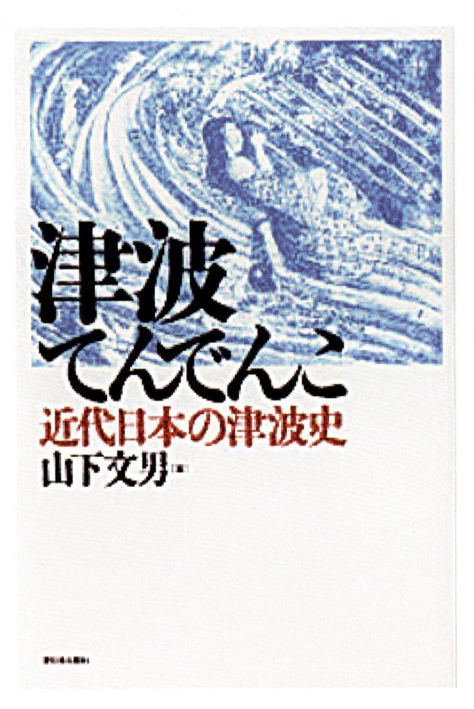

「津波てんでんこ－近代日本の津波史」（山下文男著　新日本出版社）は過去数百年間に起こった津波の事実を克明に追いながら、津波災害時に取るべき行動を教育的視点で描かれている興味深い本です。津波で起こる人的被害の大半の原因は、共倒れだったことを教えられます。逃げなければいけないと分かっていても、家に大事な物を置いてきたから引き返す、子どもを助けようとして逃げ遅れて共倒れになる。著者は「てんでんこ」（逃げろ）が津波から自分を守る方法だと言います。どれほどかけがえのないものであっても、それらを置き捨てて、我が身一つで逃げることが必要だと教えます。沖から押し寄せる津波の速度は新幹線並みだそうです。そして巨大津波は一千年に一回という意識があるが故に、津波の恐ろしさは数年経てば忘れ去られる。また、ハイテク地震研究に多大な予算を使うよりも、「てんでんこ」（逃げろ）思考と津波災害を風化させない教育の方が大切だと説いています。(注4)

私たちの町が洪水であふれた

　山口県防府市は2009年7月に市内を集中豪雨が襲い、土砂崩れや床下浸水などの被害をもたらしました。プロジェクト型カリキュラムを導入している防府市中関幼稚園（注；筆者は2005年から中関幼稚園のカリキュラムに参加しています。）は、7月のテーマ『水』に取り組んでいる時期に、子どもたちにとっては身近で起こった、水のもたらす自然災害でした。このようなプロジェクトが展開されました。

前の年に水遊びに関心を持っていた子どもたち（注：プロジェクト型カリキュラムのテーマは年少、年中、年長の３年間、同じテーマを繰り返します。）は、年長時では自分たちの住んでいる地域から、世界へと視野を広げていけるような意識を持てるような取り組みとして、園の近くにある海に出かけていったり、その地域を散歩しながら、山から流れてきた水が川をつたって、海へつながっていることを見学し、水の中の生物を探したり、複雑な形の貝殻を拾ったり、自然とのふれあいを存分に楽しんでいました。その取り組みの後、保育室に地球儀を置き、海へつながっていることにふれていき、そしてさらに世界へと目を向けていく活動を予定していました。そんな時に、私たちの住んでいる市内を集中豪雨が襲い、土砂崩れや床下浸水などの被害をもたらしました。子どもたちにとっては、とても身近で起こった、水のもたらす自然の災害だったのです。

「自分の家の前の溝から、水があふれていたよ。」「カッパを着て外を歩いても、服や頭が濡れちゃったよ。」と豪雨の強さや恐ろしさを感じていました。

『水』というものが、人間が生活していくために欠かせないものであると同時に、災害をもたらす恐ろしい一面も持っていることは、幼少期から知識として身につけておく必要があると思いました。そして防災知識にふれることは、子どもたちの「生きるための教育」に欠かせないものだと、私たち自身も考えさせられました。私たちはすぐにプロジェクトカリキュラムの内容の変更を決め、当初予定していた活動を再検討し、自分たちが体験した豪雨災害について子どもたちと考えていく事にしました。（写真１・２参照）。災害時の写真を子どもたちに見せると、そのときのことを思い出し、「ニュースで見たよ！」「道が泥で埋まっちゃったんだよ！」と、真剣な眼差しと言葉があふれました（写真３・４参照）。

（写真１） 　　　　　　　　　　　　　　（写真２）

（災害当時の様子：国土交通省のホームページより抜粋）

（写真３） 　　　　　　　　　　　　　　（写真４）

まず、写真記事から、災害当事の写真を見てどんな様子かを話しました。
　「山がくずれたよ。」「水がみんな押し流したよ。」などと家で話したことや、自分がテレビで見聞きしたことを話す子どもたち。「どうしてこんな風になっちゃうんだろう。」と保育者の問いかけに、私たちは箱庭を使って洪水を再現してみる事にしました。ニュースでも連日報道されていたので、子どもたちからは「お山の木も家も全部流されたんだよ。」と災害の猛威に驚いた様子でした。雨がたくさん降るとどうなるかを見ていくと、川の水が溢れ、家の中に水が浸水していきました（写真5・6参照）。実際に自分たちの住んでいる近い場所で起こった災害であったこと、大雨の恐さ、自然災害の恐れを体感したと思います。「大雨って怖いね。」と自然災害に恐怖心を持ったようでした。

（写真5）（水の流れを見ることができる箱庭） 　　（写真6）（箱庭の中に再現された山、川、家、舟などの模型に水を注ぐ）

箱庭の中には、山、川、家、舟などの模型を作り、じょうろから出る水を雨と見立てています。箱庭に水がたまる様子を見ていると、子どもたちからは「家の半分の高さまで雨がたまったよ。」「これじゃあ、外へ出られないね！」「屋根の上に逃げないと、溺れてしまうよ。」などと、報道を見て得た知識を次々に発言していました。
　次のステップとして、洪水がお話の中で出てくる「すごいぞ　かえるくん」という絵本を読みました（写真7参照）。
　「ある日、かえるくんの住んでいるところに雨が降ってきました。かえるくんは雨が大好きなので最初は喜んでいましたが、雨は降り続き、5日目には川の水があふれ、家の中まで入ってきました。このままではおぼれてしまうと、かえるくんは少し高いところに住んでいる友だちの所へ避難します。しかし、それでも雨は止まず、友だちの家の食べ物も無くなってきました。そこで、かえるくんは友だちのために助けを呼びに出掛けていきます。

（写真7）

かえるくんたちの住んでいる地域に大雨が降り、洪水が起きます。まずは高いところにある友だちの家へと避難したかえるくんたちは、そこで生活をしていくのですが、やがて食べ物は底をついてしまいます。そこで、危険をかえりみず、助けを求めに行こうとするかえるくんのお話です。子どもたちは絵本を読んだあとで、「何故かえるくんは外へ行ったのかな？」と問うと、「食べ物が食べられないと、死んでしまうから。」「友だちみんなを助けるため。」などと声があがりました。

次に、「かえるくんが助けてくれる人を探しに行った事は、よかったのかな？」と問うと、「食べ物がないから、探しに行かなきゃみんなが死んじゃうよ！」「でも、かえるくんも溺れそうになっていたよ。」とかえるくんの行動には賛成派、疑問派と意見が分かれていました。自分がかえるくんだったらどうするかという問いかけも同様に意見が分かれました。

　自然災害が起こったときに自分がどうすればよいか、子どもにその判断は難しいと思います。ただ、体験をし、知識として知っているのとそうでないのとでは、確実に避難の仕方が変わってくると思います。私達の園では、毎月１回様々なシチュエーションを想定して、避難訓練を行っています。今回の取り組みを経て、訓練に取り組む子どもたちの姿勢がより真剣さを増し、訓練の必要さを理解した上で臨んでいました。

　先日の東日本大震災のニュースは、連日報道され子どもたちも目にしています。私たちが子どもたちへ意識付けをすることはとても大切で、そのことから子どもたちが自己判断できる力へとつながっていくと思います。また、この活動を通して、人を思いやったり、助け合ったりする大切さについても考えさせられました。（注5「０歳からの教育」島田教明・辻井　正共著より抜粋と参照）

第一章

なぜ、プロジェクト型カリキュラムなのか？

ピラミッド・メソッド開発者
ジェフ・フォン・カルク教育心理学博士（訳　辻井　正）

> 現代行われている幼児教育カリキュラムの作成方法は大きく分けて二つあります。西欧先進諸国で行われているプロジェクト型（ホリスティックとも呼ばれ子どもが暮らす環境全体との関わりで進行する。）と日本や韓国のような高度な教育を誇る国々が行っている伝統的な系統型（発達段階に沿って知識を教えていく。）に分かれます。現代の生活環境の変化に伴う、急激なグローバリゼーション化の波に、従来の知識伝達の教育法がほころび始めているのは日本だけではありません。マスコミ報道で、2050年の驚くべき日本の未来が論じられています。働く人と働かない人が1対1になり、人口の半数が50歳近い年齢構成で、子どもや若者が激減する社会像です。子どもたちが大人になった時の姿を視野に入れて幼児教育を考える時代です。「今こそ質的に高いカリキュラムが求められている」と主張するジェフ・フォン・カルク理論を学びたいと思います。（辻井　正コメント）

はじめに

　幼児のための効果的なカリキュラムとは、遊びかつ探求しようとする子どもたちの自然な衝動が、保育者の積極的な関わりによって援助され、注意深く創り上げられたプログラムです。保育者の役割は、子どもたちが自主性を発揮し、物事を決定し、そして自律性の動機づけ（内的動機）能力を獲得させ、遊びと学びのための豊かな保育環境をデザインすることで、子どもたちの自然な発育を支援することです。保育者の役割は保育者自身の認識力により、より高い発達レベルに子どもたちを導くために、子どもたちの遊びと学びに取り組み、動機づけをし、かつ援助することです。効果的なカリキュラムは、幼児の自然な発育プロセスとよく調和して働く必要があります。そのようなカリキュラムを構築するために、ダイナミックシステム理論の距離論（distancing theory）、および愛着論（attachment theory）の質的に高い効果的な理論を適応します。また、最近の脳研究の成果が、カリキュラム編成において重要な役割を演じてきました。

（オランダ Cito 本部玄関先に置かれているピラミッド・メソッドモデル）

ダイナミックシステム理論によると、認識力の発達および脳の成熟は、子どもたちが豊かな環境の下で学習すると、顕著な弾力性および柔軟性を示すと主張します。身体的な発達の流れおよび最適な認知力の発達が、これらの弾力性および柔軟性の特徴を育むものと思われます。(Fischer & Rose, 1998) 多くの脳の研究は、教育的実践とともに、幼児のための保育環境のあり方を我々に教えてくれます。これらの理論から、学習と指導において重要な役割を演じる二つの概念(Van Geet, 1998, Fisher & Bidell, 1998)、自律性の動機づけ(内的動機)(selfreguration)および最適発達(optimizing development)を学ぶことが大切です。その二つの概念は、カリキュラム編成に関して、プロジェクト型(包括的)または系統型においても重要です。

発達

幼児の発達を説明する場合のダイナミックシステム理論は、ピアジェ(Piaget)およびヴィゴツキー(Vygotsky)たちの理論を超える新規な発想です。それはピアジェ理論が説く、一定の構造を持つ質的展開が先の構造を従属させて、統合されていく同化と調整理論、およびヴィゴツキーの発達の最近接領域の発達概念を利用して、多様な種類の理論の基本的な側面を統合することで、ダイナミックシステム理論が成り立っています。(Van Geerl,1998)子どもの脳の状態が、ある一定の時間を経てどのように他の状態に発育するかということを、ダイナミックシステム理論は説明しています。発達の次の状態は、あるモデルまたはルールに従って、現在の状態の変形として捉え(Van Geert & Steenbeek, 2005)、およそ30才まで出現し続ける一連の長期のサイクルとして発達すると考えます。短期サイクルは技能や理解の連続的階層で構築され、異なる形態の活動と思考の中を移動し長期のサイクルに組込まれています。

個々の最適レベルに関する発達の現れ方は、次のように要約できます。

行動および思考(階層)の4つの形は、反射、行動、(具体的)表現および抽象化です。それらは、長期のサイクル、および単一のスキルから複雑なマッピング、複雑なシステムに成長し、各階層に組込まれたスキルの諸レベルを形成します。

反射スキルを構築する能力(種に固有の活動および知覚パターン)は、生後最初の十数週で出現し、最初の感覚運動活動を生み出します。より複雑な感覚運動活動を構築する能力は、3ヶ月から2年の間に出現し、最終的に最初の具体的表現活動に入ります。表現能力に関する最適レベルは、2～12歳の間の子ども時代に発達します。最適な抽象化能力は、10～25歳の間に出現し、複数の抽象化に関連する原則を構築する能力を生み出します。年齢はおおよその時期を表していますが、この時期にそのレベルが最適(高度な援助)条件の下で出現し、援助が行われない場合、ほとんどのスキルがそのレベル以下に留まっています。

発育が非常に単純になり始め、そして諸スキルはますます複雑になり、それぞれがその紐状態または領域について並行して個別に構築されます。各領域内で、子どもは殆ど別々に諸スキルを発達させるが、しかしそれらはまた、領域間に共通部分も形成します。このダイナミックな特性についての有益な比喩的表現は、ガードナーの「複数の知能のような概念に反映された、複数の紐状態または領域に並行に沿って変化する、思考と学習を伴った発育性の仕組み。」です。(Fischer & Bidell, 1998)

認知的知能、感情的知能および身体的知能という、三つの知性の複数知能モデルに基づく全体的概念として、保育園や幼稚園において活動される、八つの発達領域を我々は仮想しています。

認知的知能には、理解力の発達、言語の発達、思考力の発達および時間・空間における方向づけが含まれ、感情的知能には、個性の発達、および社会的感情の発達が含まれます。

身体的発達には、運動性発達および芸術性発達が含まれます。(Van Kuyk, 2005)

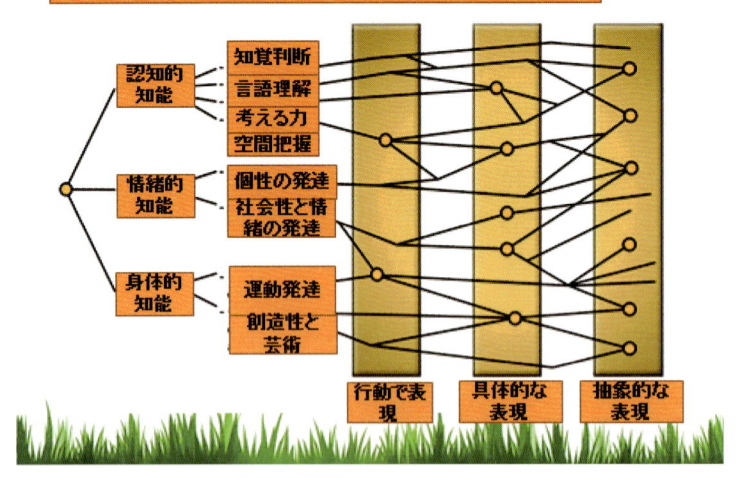

図.1：Fischer および Rose（1998、および Van Kuyk（2005）による発達領域の仕組み

脳研究

　神経系が生後最初の数年間に、最も劇的な発達を経験することを我々は知っています。最近の研究は脳の働き方についてより多くを明らかにしており、従って、幼児の脳を最大限に支援し、刺激するための環境を如何に構築するかについて重要な情報を提供してくれます。子宮内で胎児が、イントネーション、メロディーおよびリズムのパターンに特徴づけられて、言葉に関する感受性を発達させることを、最近の研究が明らかにしています。子宮内のすべての音の間で、人の話声が規則正しい安定状態を保ちます。発達中の脳が音についての導線を巻かれていて、音のパターンを見出すことができるということを、我々は知っていますが、脳が見出さねばならない規則性は、言葉という形で環境の中に既に存在していることです。（Leseman, 2004）生後数ヶ月で、既に赤ん坊たちは話し言葉の音、言葉および簡単な文を理解します。彼らが既に文法を理解するからではなく、その話し振りが意味をなす状況で伝えられるがゆえに、彼らは意味を見通すのです。（Tomasello, 2002）

　第二の新発見は、子どもたちが、最初に数に関する全般的なシステムを、そしてその後正確な言語システムを発達させるということです。ものを加え取り除くなど、彼らはまず数の認識、または数に関する全般的な洞察システムを発達させます。この能力は、視認記憶および視覚記憶に強く関連しています。それによって、子どもは全体的な数を見積り、合計結果をそこそこ理解できるが、正確にではありません。第二のシステムは、数の正確な認識、算術的操作、および記憶への正確な貯蔵のために割り当てられた正確なシステムです。赤ん坊たちは既に全般的なシステムを発達させています。彼らは既に、二つの物体の組合せと、三つの物体の組合せの違いを理解します。言語システムの発達は、3才あたりで数を数えることで始まります。子どもが数を数えると、その組合せは一つの列において、突然一つの正確な数および正確な位を理解します。（Sarnecka & Gelman, 2004）

カリキュラム作成に考えるべきこと

1. 幼児の自然な発育に適合するカリキュラムを開発する際、学びのための短期および長期のサイクルが表示された教育形式を作る必要があります。次第に抽象的な表示の方向に移行するために、まず、具体的な表示を生み出す活動に子どもたちが関わるにつれて、一定期間にわたり上り続ける現在の発達の流れを作る必要があります。
2. それぞれの領域を発達させ、これらの領域を統合するために、各発達領域が最適化され、そして発達領域間に関係状態が生み出される方法を求める必要があります。
3. 環境中には一定の規則性があり、脳はその環境における構造を見出すことができます。脳と神経は、複雑な構造を持った人間の身体の中で常に関係しあって機能します。それらは幼児期の経験の世界で容易に見つけることが出来ます。
4. カリキュラムにおいて我々は、数学のみならずより幅広い領域を含む全般的なシステム、および特定の言語システムの両方を用意しなければなりません。全般的なシステムは、子どもたちの日々の環境に対応し、我々はその外部の言葉（関係）を保育室に持ち込む必要があります。特定の言語システムは、各発達領域について発達上の段階的活動に合致させます。

固定された決定的な方法ではなくてダイナミックで柔軟なやり方で、我々が子どもたちのためにより良い環境を構築することができればできるほど、彼らはこれらの構築物をより多く習得することができます。彼らがこれらの構築物をより良く習得すればするほど、彼らの発育レベルはより高くなり、新知識およびスキルを学習する彼らの能力はより柔軟になります。人生の課題を遂行する際に、自律性の動機づけ（内的動機）を学ぶことができるように、日常生活環境の中で子どもたちは活動的な役割を行います。

自律性の動機づけ（内的動機）（Autonomy）

　自律性の発達は子どもの行動のあらゆる領域の発達を支える基礎石です。生まれた時の子どもは脆弱な生き物で、養育者（親や保育者）の強い保護的な世話が必要です。正常な発育は個人的および社会的において、それぞれ独自的に機能するのは子どもの自律性の成熟とも言えます。子どもたちが成長するにつれて、人生を通じての適格な生きるためのスキル、および行動、感情、そして認識的な自律性を身につけます。（Kopp, 2000）幼児にとって自律性は効果的なカリキュラムの中核を形成します。それ故に子どもたちはスキルと自主性と自律性を発達させるために、物理的および心理空間（保育環境）を必要とします。そこにおいて保育者たちは物事を決定し、その決定の結果から子どもたちが身につける能力を尊重し、豊かな環境および心理的空間の中で、子どもたちに選択させ、その適格性を与える物理的な保育空間が必要です。

最適化（Optimaization）

　子どもたちは強い自律性の動機づけ（内的動機）感覚を発達させなければいけないことと、同時に他者（保育者）からの知識とスキルの支援がなければ、子どもたちはいつまでも同じレベルに留まっています。例えば、ある幼児が入れものの中にブロックをはめ込もうとする時、最初は丸いブロックを選択するが、それは丸いブロックを丸い穴に入れるのが易しいからです。より難しい形のものを穴に入れようとしていらつくと、彼は単にフタを持ち上げて、そのブロックを大きい穴に入れてしまいます。簡単な解決策ですが子ども自身の解決法です。ダイナミック理論での研究から、子どもたちが保育者から援助を受ける時、彼らはよ

り高いレベル、最適レベルにすら到達できることも分かってきました。（難しいブロックを正しい穴に入れる能力）

（1.箱から放り出す。）
（2.簡単な丸いブロックを入れる。）
（3.すべての形をまるい穴に入れようとする）
（4.フタ全体を開けてブロックを入れようといらつく。簡単な解決策を見つける。）
（5.同じ形と同じ穴を分かるように置いてあげる支援を行う。）
（6.自分で正しく穴の中に入れる。）
（7.やり遂げた達成感。）

（注6）

　　子どもが現在到達している発達領域が、保育者からの援助がないままに遊んでいるときは、その状態が機能的（具体的）レベルであると考え、よりよき援助を与えられた場合の能力はその子どもの最適レベルと考えます。(Fischer & Bidell, 1998) 保育者の援助は子ども自身の自主性よりずっと力強いもので、援助を通して子どもは各発達サイクルで学び、より高いレベルにおいて学び直します。保育者は保育カリキュラムの専門家であり、子どもに関連する質問をして、関連する手掛かりを与える専門的な足場のある保育環境では、子どもたちは自分の能力の最適レベルまで達します。それゆえ、幼児のための効果的なカリキュラムは、プロジェクトの学びにおいて、子どもたちに自律性の動機づけ（内的動機）を身につけさせ、保育者が子どもを導きたい目標を定め、援助を与えることとのバランスを保つことが必要です。

カリキュラムのアプローチ

　現代の教育学、心理学研究の理論や実例から考えて、幼児期の子どもに最も適した保育環境をどのように工夫すればよいのでしょうか？
子どもたちが具体的（機能的レベル）なものから、抽象的な思考に滑らかに移行できるために、我々はどのように環境を構築できるのか？どんなカリキュラムのアプローチが発達途上の精神および肉体に、最大の恩恵を提供できるか？
我々は既にカリキュラムの開発について、単純さから複雑さ、および具体性から抽象性へと、可能な二つのアプローチを紹介しました。一つはすべての発達領域が統合された包括的なアプローチであり、そして一つ

はすべてのカリキュラム活動が独立して、規則づけられた系統的なアプローチでした。これらの方法がどのように子どもの発達に寄与し、最適なレベルに達することが出来るのか考えてみましょう。

プロジェクト型（包括的）アプローチ

　プロジェクト型（包括的）アプローチは、発見および探求を促進させるべく、注意深く設計された保育環境においてすべての発達領域を網羅しています。保育室に用意された保育素材は、子どもたちに馴染みがある世界と相互作用することを可能にするものです。プロジェクト型アプローチは、子どもに興味のあるテーマに重点を置き、発達の仕組みを構造化するために、すべての発達領域にわたる学びの体験を結合させます。この発達領域の統合は、子どもたちがより高い思考のレベルに到達する結果につながり、このアプローチは、子どもたちが遊びと学びを開始するための機会と、彼らの学習に挑戦しかつ援助することにより、子どもたちの発達を最適化するための保育者の責任と質的能力に関わっています。

プロジェクト型（包括的）アプローチ内で活動を組織する。

　遊びと学びの活動から十分に恩恵を受けるために、子どもたちに安心して遊びの環境が用意されていることが大切です。これはすべてのカリキュラムのアプローチにとって重要です。我々は、子どもたちが安全に感じるように、物理的および社会的に保育環境を構築する必要があります。子どもたちが不安に感じる環境においては、彼らのエネルギーは自己防衛に費やされ、彼らは新しい体験を受入れようとしません。（Bowlby,1969, Erickson, Srouffe & Egeland, 1985）否定的な感情は、子どもたちの遊びと学びの活動を破壊する危険性があります。（Van Geert & Steenbeek, 2005）

　安全な保育環境に加えて、子どもたちに自分たちの学びを構築させると共に挑戦が出来る準備は必要です。子どもたちに全世界を一度に示す状況を、保育環境の中に作り出すことは不可能ですが、子どもたちの周りの世界を、我々は空間的に、かつ時間的に目に見えるように示す必要があります。

　「空間的に」とは、遊びと学びのために子どもたちが利用できる世界またはその一部を、我々が如何にして見えるように具体的に提供するかということを意味します。我々はまた、人形、モデル、絵画、絵本、実際の状態、映画、およびDVDなどの、外的メディア表示を介して空間を提供できます。

ところで、どの程度の時間、そしてどれだけの期間我々は世界を提示するか？このため、日毎に、週毎に、年毎に、3年から5年ペースで、立案することが極度に重要です。

　フィッシャー＆バラ（1998年）によって理論づけられたように、子どもの遊びや学びは短期と長期のサイクルの繰り返しで行われていることから、カリキュラムの期間を保育と同じように1年単位と考えるのが妥当です。その時間中に、私たちは、最も重要なプロジェクトテーマの周りに一連の短期サイクルを準備します。各プロジェクトのテーマは、約1ヶ月続き、そしてすべての発達領域が計画に組み入れられます。例えば、スーパーマーケットを中心に構築されるテーマは、自然と数式展開へのチャンスであり、私たちが着用する服を中心に作りあげられるテーマは、言語概念を含む活動に役立ちます。祭りは時間概念を検討することを助長し、そしてお祝いは、感情的、社会的概念への扉を開きます。

　言語には、学習ツールとして、および学習目標としての二重機能があります。それ故に、言語活動は、概念ネットワークを軸にして、すべてのプロジェクトのテーマに特別な場所を設ける必要があります。（2003年、Van Kuykを参照）

子どもたちにやる気を起こさせ関心を抱かせるためには、日常的な行動に引き込むことも必要です。私たち

は、子どもたちに安全な儀式的プロセスを提供する、毎日の日課に埋め込まれた4段階の学習過程（具体的に説明する。見本を見せる。理解を広める。理解を深める。）でこれらを行います。これらの手順で、私たちは、子どもの経験に非常に近いところから始め、そして徐々に距離をとります（現実行動から具体的表現、抽象的概念まで）。これらの原則は、子どもを現実的な世界だけで遊ばせる保護者や保育者よりも、子どもを現実的な場所からより未来に向かって目を開かせようとする保護者や保育者の子どもは、幅広い理解と洞察力を身につけることをシーゲルの距離論（Sigel、1993年）で実証されています。保育者や保護者の役割は、存在、非存在を作ることです。そして計画、将来事象の予測、過去の再構築、そして様式間でのアイディアの移動に子どもたちを巻き込みます。

距離のステップ（4つの段階）

この包括的アプローチはフィッシャーとローズ（1998）の動的発達モデルから取り入れています。保育室全体のデザインは、すべての発達領域での発達の機会を提供します。毎月、保育者は、学びの環境全域に変化するテーマと刺激的な新しい材料の導入を通して、子どもたちに新たな挑戦を提供します。短期サイクルは4つの学習段階で活性化されます。例えば、プロジェクトのテーマ『水』では、4つの段階は、「すごいぞ　かえるくん」（Max Veldhuis）という本に関わる活動で実証できます。（注：本書の導入を参照）

第1段階：具体的な説明をする（概念を与える）

保育者はページをめくることによって子どもと本を共有します。保育者は、話のモデルを具体的に作成し、川に沿った低い位置、高い位置にある家を説明します。低い位置の家は、長続きする雨によって水浸しになります。子どもたちは、じょうろを使用し雨を表現します。

第2段階：見本を見せる（体験をさせる）

保育者は対話形式で話を読み、重要なキャラクターおよび対象を表すために具体的対象を語ります。（例えば、カエル、野ウサギ、パン、暖かい食べ物など）保育者は対象を使用し、それらが何か、またどのようにストーリーに影響を与えるかを具体的に見せます。

第3段階：理解を広げる（知覚を使う）

保育者は子どもたちと具体的に見たことと本の状況を比較させます。（例えば雨の中を歩き、レインブーツを着用し、沼地を歩く、傘を使う、泳ぐそして溺れるという危険）保育者はまた、「すごいぞ　かえるくん」での同様の状況で別の本を使い比較対照します。

第4段階：理解を深める（関係性を理解させる）

保育者はストーリーの重要な出来事を通して子どもたちを誘導します。（例えば：どうやって動物は生き残ったか？、どうやってカエルはヒーローになったか？）保育者はまたより幅広い問題への視点で考えるため、子どもたちを新しい関心へと導きます。（例えば、彼女は、道路で水に浸かった車の写真を示し、子どもたちに「これがどうして起こったのですか？」「そして車を救うためには何ができますか？」と尋ねます。保育者は、またニューオーリンズで起こった最近の洪水の写真を持ち込み、子どもたちに問題解決能力を使うよう要求し、挑発的な質問をする可能性もあります。この4階段プロセスを使用して、保育者は子どもが開始の状況から、もっと距離を置くように支援します。また、子どもたちがより高い水準で考えるきっかけになる活動を注意深く作り出します。

短期サイクルが繰り返されて構成される長期的なサイクルは、1年から次の年までの内容は次第に難しくなるように設計されています。
例えば、プロジェクトのテーマ『家』は、自分達の家の視点から始め、一番年下の子どもたちに導入されます。次の年に子どもたちは家の部屋から遠くの視点での家のテーマに移ります。3年目の子どもたちは1つの家から別の家まで移動する意味を考えるために、距離および抽象化で最も高い水準に移行します。また長期的サイクル、プロジェクトのテーマ『家』の部では図4も参照。

系統的アプローチ

　系統的手法では、発達領域でのそれぞれの段階に従い、子どもたちが発達水準を高めることができるように活動を計画します。保育者は、単純な段階から複雑な段階における各領域から活動を提供します。このアプローチでは、すべての目標が明らかであり、また保育者は子どもたちがどの保育課程にあるのかを分かっています。すべての活動と関連する階層があり、保育は活動の困難を増したり、または減少させたりすることで遊びの指導に変化を与えます。
系統的手法では、保育者は発達の実際の水準を評価することができ、また発達の方向に目標を設定できます。
系統的手法は、主として保育者に指導され、また自己抑制能力を発達させるために、子どもたちに限られた機会を与えるだけで、子どもたちの必要性および興味を満たさないために、活動が子どもたちの内的動機づけを引き出さないことがあります。
この内的動機づけ（自律性の動機づけ）が欠けている場合、保育者は子どもたちを遊びと学びに誘導するための努力をしなければなりません。保育者が子どもたちに動機づけをしなかったら、学ぶことは、人工的になり、そして面白くなくなります。
子どもたちは学びのための有意義な内容を探し求め、また学習活動が状況に当てはまらない場合、保育者は機能的（具体的）な内容および遊び心に満ちた活動で、子どもたちの気を引かなければなりません。たとえ、学びの目標が段階的手法の中で明らかであるとしても、発達領域は自然な結び付きや統合を欠くことになります。

系統的アプローチ内で活動を組織する。

　保育者の第一の課題は、身体的および社会的両方の視点から安全で、楽しくまた刺激的である保育環境を、子どものために創造することが出来れば、最適なカリキュラムは構成されます。個々の発達領域の計画は同じなので系統的な構成は比較的単純です。発達段階のリストから、研究に基づいて、多彩な遊びおよび学びが選ばれます。（1996年、Case & Okamoto も参照）：保育者は、以下の開発スキルおよび対応する活動を選ぶ可能性があります。

　　－数表示番号の知識：数表示を実践する活動
　　－数詞の知識：歌を歌うことによって数詞および数行を実践する
　　－数えながら個別の対象を指す能力：対象をさまざまな配置で表示して、数える時に子どもたちに各対象を指すように問いかけることが出来ます。
　　－基本的な設定値の知識：対象の様々な量を数え、問いかける：「いくつ数えたの？」等です。

系統的手法は、子どもたちに目的を達成する強力な機会を提供できます。
例えば、保育者が子どもたちに読解力をつけようと準備している場合、保育者は、リズム活動（全部の言葉

の韻、脚韻、初韻)、音声合成、聴覚分析および音声の文字の組み合わせのような単純なものから複雑なものまで、明確な構成および経路を提供できます。図3では、私たちは、3年の期間に渡って全8つの開発地域の活動を指示しています。

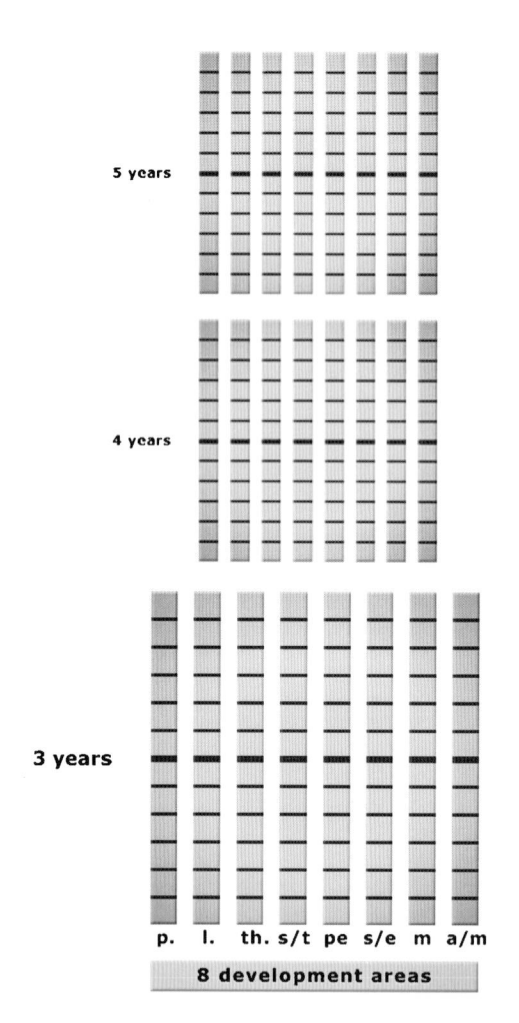

図3：3年（3才～5才）の期間に渡る8つの開発地域の活動の構造。p=知覚；l=言語；th=思考；s/t=空間／時間；pe=人格；s/e=社会的／情緒的；m=運動；a/m=芸術及び／音楽

プロジェクト型（包括的）あるいは系統的アプローチ：最も適しているのは？

　プロジェクト型アプローチは、幼児のための効果的なカリキュラムを構成するために、明らかに最もよい選択です。いくつかの理由を考えましょう。

プロジェクト型アプローチは、動的心理学理論のモデルに合致しています。私たちは、子どもたちが日常活動を行う時に、物事の中心であるメディア研究（1998年、Fischer & Bidell）を始めました。系統的手法よりも幼い子どもたちの自然な開発プロセスに利点があり、発達領域の中で統合を促すためのカリキュラムの良き機会を提供できます。このことは、私たちが系統的手法を拒否するということを意味するのではありません。系統的手法を背景とした発達段階的枠組みは、私たちがプロジェクト型アプローチを構成する場合の有効性に役立ちます。

　プロジェクト型アプローチの水平的性質は、プロジェクトのテーマが困難さにおいての差異はなく、つまりテーマに階層が無いことを意味します。同じ水準で多くのテーマがある場合、子どもたちは、十分にチャレンジできない可能性があります。

一方では、系統的手法には活動自体が目新しく、また興味深いとしても、活動が子どもたちに日常生活との関連を持たせる背景は一切ありません。この機能関連の欠如は、子どもたちに馴染みのある世界と想像力がない階層での混乱が生じます。

　脳の研究では幼児期の子どもは、プロジェクト型アプローチにあるように全体的な領域だけでなく、特定の言語のシステムも開発するということを教えてくれました。系統的枠組みについての具体的な活動の階層の順序は、プロジェクトのテーマ内での系統的活動を組織することによって、特徴的な側面をもたらすことができます。例えば、ハサミで紙を小さく切る、マーカー、鉛筆またはペンを握る、絵を描くおよび書く学習は、運動作用の階層で行われるものです。これらの各々のスキルは、子どもたちが紙を切り身体の輪郭上にくっつける、ハサミで糸を切り髪を作る、マーカーで自分達の手や足の形を描く、そして自画像の下に自分の名前を書くように、『私の体』に関するプロジェクトテーマの枠組みにはめあわせることが可能です。さらに系統的枠組みは、遊びおよび学びの環境を設計するのに重要な役割を果たします。

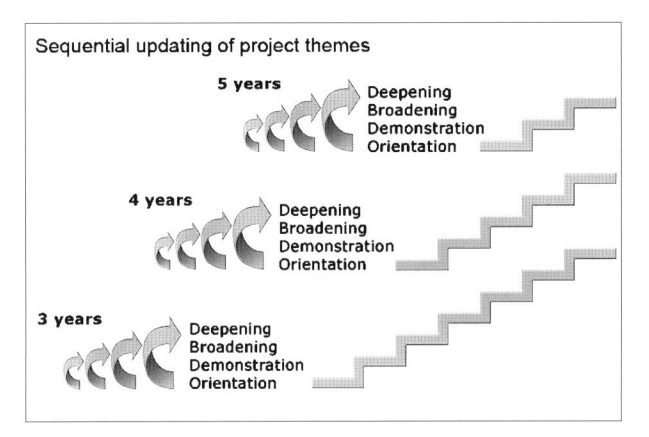

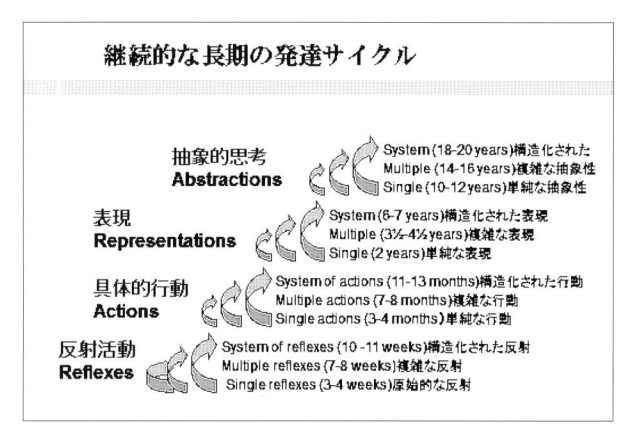

図4：3年の期間に渡るプロジェクト焦点の長期（3、4、5年）と短期サイクル（ODBD）、および1年を通じてのテーマの段階的更新の右側上の表示。

結論

　プロジェクト型カリキュラムは、近年最も注目されている動的発達心理学の短期サイクルと長期サイクル理論から成り立っています。短期サイクルとは、子どもに身近な物事からテーマを取り出して関心を引き起こさせ、次第に距離感のある事柄へと導く指導法で、子どもは目の前に起こる事象から探究心や観察力を養い、距離を取ることで抽象的な理解を身につけて言語表現力を高めます。子どもに近いところ、つまり目の前にある事柄から始めることが何より大切です。なぜなら、それが距離をとる起点になるからです。子どもの近くから始めることは子どもに安心感を与えるのです。身近なものは親しみがあって恐れや不安を引き起こさず、むしろ探索のチャンスになります。この表現力は2歳頃から発達して、単純なものから複雑なものへと進みます。初めは非常に具体的な表現が発達します。これは物や現実に近い状況の具体的な描写です。続いて、6～7歳頃からこの表現はより抽象的になります。具体的なものからより抽象的なものまで、いろいろな表現のレベルが段階的に形作られ、具体的には4週間をかけて子どもの理解を促します。身近なレベルの表現は、観察すること、列挙すること（数え上げること）、そして物の名前を言うことなど、目の前にある事柄に近い表現です。この表現レベルは「1週目：概念を与える（具体的な説明をする）」「2週目：体験させる（見本を見せる）」段階です。中間レベルの表現は、比較すること、そして共通点と相違点を見つけることのように、抽象性がより高い表現です。この表現レベルは「3週目：知覚を使う（理解を広げる）」

段階で使用します。さらに「4週目：関係性を理解させる（理解を深める）」段階ではより高いレベルの表現を使用します。これは関係性を見つけることを学び、物事の一般化（概念化）の基本を学びます。

　長期サイクルとは、毎年同じ時期に同じテーマを繰り返し、前年より高いレベルで繰り返すテーマ展開により、子どもの理解を深めます。プロジェクトは3歳から5歳までの発達期間に実施します。子どもは次々と4つの段階を通して与えられる知識が、3年間という長期のサイクルの中に組み入れられます。
長期サイクルは出生時の'反射'から始まって'行動'がこれに続きます。これらはその後'表現'になり、さらに'抽象'になります。
　出生後まもなく、赤ちゃんは'反射'を使います。これらの'反射'がさらに複雑な'反射'（吸引反射、腕と足の運動、知覚および観察力）となり'行動'（つかむ、見る、歩く、食べる）へと発達していきます。
3ヶ月目からちょうど1歳ごろまでの間に、より複雑な感覚運動能力をもつようになり、徐々に最初の'表現'（語彙の獲得、人の認識、情緒認知能力）へと発達します。
　2歳から10歳までの間に、より高度なレベルの'表現'が発達します。
　効果的なカリキュラムにより、子どもたちの自律性の動機づけ（内的動機）を推進することと、保育者による開発を最適化することの良好なバランスが提供されるべきです。プロジェクト型 Piramide Method（ピラミッド・メソッド）では、遊びおよび自主性学習により、子どもたちはすべての発達領域を探索できる豊かな環境が提供されます。子どもたちは、自ら遊び、また学ぶように自律的になることができます。
　子どもたちが自ら遊びそして学ぶ場合、彼らは、最適水準ではないが、現在の能力を発揮できることが分かっています。保育者は、それぞれの子どもの発達を最適化する重要な役割を果たします。保育者は自分のエネルギーと専門知識を、グループにいるすべての子どもたちの中で配分しなければならなりません。
保育者は、子どもたちに最低限の援助をして、彼らが、別々に活動し、問題を解決するのに必要な支援をしなければなりません。新しいスキルおよび情報を提供する一方、保育者は、個々の子どもたち、小グループ、およびグループ全体に注目する必要があります。すべての子どもたちに影響が及ぶので、グループ全体に働きかけることは非常に効率が良いが、子どもたちの能力や興味は多様です。それ故に、保育者は、すべての子どもたちに影響を及ぼすために、高水準の相互作用の保育テクニックを備えている必要があります。
子どもたちがチャレンジし、驚き、そして従事している時の保育者の介入は、それぞれの子どもに貢献するための心理的空間を与える一方で、最も効果的であり、また刺激的です。プロジェクト型カリキュラム Piramide Method（ピラミッド・メソッド）（2005年、Van Kuyk）では、グループ調査プログラムにより、アムステルダム大学で実施された1つの研究での評価（0.80は強、0.50は中間、0.30は弱）は、言語に対し0.45、また数学に対し0.68であった。言語プログラムが積極的に改良されたフローニンゲン大学のAmsterdam Preschool 試験に係る第2試験では、言語発達に対し1.08、および数学発達に対し0.73でした。広範なEppe試験では、「持続された共有思考のエピソード」が重要であることを強調されました。(Sylva、Nelhuish、Sammons Siraj-Blachford&Taggart　2005)
　小グループ活動では特定課題（テーマ）、または自分たちで問題を解決するために、または技術的、科学的物質を扱うために、理解の良い子どもたちを刺激する活動に、テーマが絞られる可能性があります。（2004年、Lück）子どもたちに個別支援を与えることは効果的であるが、個々の関心がより長い間必要である場合、保育者の目をその他のすべての子どもたちからそらしてしまう危険性があります。それ故に支援を行う保育者は、グループの保育者と組む専門職である必要があります。

個別指導は、気になる子どもへの予防対策として意図され、この先のグループ活動に先行する積極的な個別指導方法です。子どもたちが、特別なニーズがあり、他の子どもたちより多くの学習時間を要する場合、個別指導は必要です。

小学校低学年でリーディングを子どもたちに教えるため、その手順を使用する積極的な個別指導は効果的であり（Slavin、Madden&Karweit 1994年）、3～6歳の子どもたちに個別指導は、内部の試験（2000年、Van Kuyk）では成功を収めたことが証明されました。個別指導は、日常プログラムにつながりがある場合、最も効果的です。個別化が全ての子どもの発達を最適化できるのに必要であることは明らかです。評価手順により、どの子どもたちが特別な対処（Eggen）を必要とするのか、明確にする必要があります。典型的に、グループの下位25％を得点する子どもたちは、積極的な個別指導からメリットを受ける可能性が最大です。個別指導は、子どもたちが、小学校で後に成功するのに役に立つ方法です。グループの上位25％を得点する子どもたちは理解力があり、また彼らを動機づけていくための更なる挑戦を必要です。彼らは、自律性の動機づけ（内的動機）レベルを高めるような質的に高い（抽象的）プログラムに参加できます。

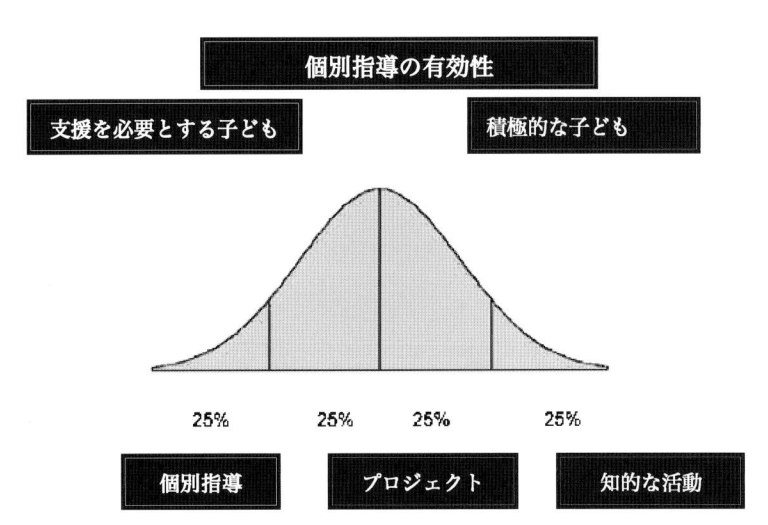

図5：個別化。ガウス曲線：最も低い得点をする子どもたちは個別指導を受ける；最も高い得点をする子どもたちはより高いレベルの活動をする。

（注）自律性の動機づけ（内的動機）：オランダの教育者（保育者）全体が共有している考え方の一つで、外的な刺激（アメとムチ）には限界があり、子どもの内的なやる気を引き出すため保育・教育環境を設定し、教師（保育者）が積極的に子どもに関わる支援によって形成されると考えます。（辻井　正）

第二章

百年続いた一斉型教育からプロジェクト幼児教育の導入は可能か？

NPO 法人国際臨床保育研究所　所長
ピラミッド・メソッド教授資格者　社会学博士　辻井　正

> 2000 年度に、百年続いた一斉授業の反省から、鳴り物入りで導入された教育改革体験型「総合的な学習の時間」が小中学校に導入されました。受身で覚えることは得意だが、自ら調べ判断して表現する能力が充分でない。登場したのが「自ら学び・自ら考える」体験型テーマによる総合的な学習の時間」の登場。小学校：105～110 時間　ペーパーテストのように知識蓄積が不充分でも、体験的学習で学習力を補い、新しい学力観を身につけさせるという発想。残念ながら 2011 年度から　体験型学習時間数は 70 時間程度に減らされる。"総合的な時間の学習はおおむね子どものためになっている" と答えた教師は少人数。"仕方なく対応している" が 7・8 割。(注7)（辻井　正コメント）

オランダ流子育て社会

　ライン川の川岸にオランダの古都ナイネーメンがあります。ゆったりと流れるライン川の対岸はドイツです。住宅街の一角にある保育園（日本の保育園と幼稚園を一体化した幼児教育施設）の朝夕の保護者（祖父母の姿も多く見かけます。）の送迎光景は日本と同じですが、ナイネーメンの保育園では、保護者が子どもを送ってきて、10 時近くまで子どもと一緒に保育室で遊んでいます。小学校の朝夕の校門も子どもの送迎で保護者が溢れています。女性就業率は 70％（日本は 41％）の国で、早朝から各々の保護者が子どもを連れてくる光景に違和感を抱きますが、それが可能なのはオランダ人の働くスタイルです。オランダでは、結婚した女性は家庭で家事と子育てに専念するのが当たり前の社会でしたが、1980 年代の経済的な不況と、経済の大半を輸出に頼る中での通貨（当時の通貨ギルダー）高に加えて、就業可能な若者たちの 20％ が失業保険と生活保護で生計を立てるオランダ病と言われた世相でした。そこで政府と労働者側の話し合いの中から、正規と非正規労働者が仕事を分け合い、互いの労働条件の均等化と、両者とも 1 時間当たりの賃金は同一であるという強い法的な約束が行われました（1982 年ワッセナー合意）。これをきっかけに 30 万人の若者の雇用が創出され女性の就業率だけでなく子ども人口も増え始めたのです。(注8)

　オランダが社会不安と経済的な不況から抜け出したもう一つの理由は、乳児から高校までの教育費の全無償化が女性の就業率を支援し、教育（保育）の選択権を保護者に与えました。保護者が求めたのは、オランダの伝統的な一斉的教育法や知識の蓄積から、21 世紀のグローバリゼーション社会に適応できる現実的な知識（生きる力の獲得）でした。また、離婚再婚率の増加と共に、ひとり親家庭や移民家庭の子どもが保育室に増え、保育園側と保護者側のつながりの重要性が問われ始め、保護者プログラムとの関連した教育カリキュラムが行われています。

リラックスした雰囲気の保育環境

私がオランダのプロジェクト幼児教育法に出会ったのは 2000 年の初めでした。Cito（旧オランダ王立教育評価機構）が、オランダ政府予算で開発したプロジェクト幼児教育法 Piramide Method（ピラミッド・メソッド）を先進諸国に普及する企画が始まった時でした。日本でのパートナーを探していた Cito に私を推薦し

てくれたのが、モンテッソーリ教具製造会社ニーホイス社ルージュエンダイク・デックさん（当時の社長）でした。それ以来度々オランダの保育園（幼稚園）や学校訪問の機会が与えられると同時に、オランダで行われる国際幼児教育会議にも顔を出すチャンスが増えました。

（2003年5月 Piramide Method（ピラミッド・メソッド）を日本に導入するための提携調印式）（Cito 提供写真）
左：カルク博士　中央：Cito 最高責任者　ルーダス准博士　右：辻井　正

　根っから日本的教育法で育てられた私には、オランダの保育室や教室、それに保育活動や教育法はカルチャーショックでした。ドイツの子どもの施設（ベーテル）で勤務経験のあった私は、ヨーロッパの保育や教育に関する知識は持っているつもりでしたが、オランダのクラスルームの光景は新鮮な感じを与えられました。子ども全体を指導することに重点がおかれる日本的幼児教育（保育）では、保育室の雰囲気や立体的デザインには無関心で、壁面装飾という二次元的なデザインを、器用な保育者が見栄えの良い装飾に仕上げています。オランダの保育室の特色は立体的な三次元デザインです。各コーナーで遊ぶ子どもを一目で見渡せる、何処で何をして遊ぶのか分かりやすく配置されている、おもちゃや様々な素材が棚に見えやすく展示されています。子どもの個性に応じて遊びやおもちゃを選ぶことができて、楽しい遊びと学びの空間がデザインされています。

　先生は黒板の前に立ち、子どもたちは一斉に同じ姿勢で先生と対面する光景に馴染のある日本的クラスルームとは異なり、子どもたちは食卓を囲むように小さなグループに分かれて座っています。

　子どもたちは教師を呼ぶときに、「先生」や「敬称（Sir）」をつけて呼ぶのではなくて、先生と生徒は名前で呼び合っています。「センセイ、センセイ。」と大声で手を挙げて先生を求める姿は見かけません。いつも同じルートで保育室を歩いている先生は、待っていれば必ず自分の近くに来てくれるのです。それでも先生に質問したい子どもは先生のそばに行きますが、既に先生と話をしている子どもがいると、少し離れた場所で待っています。数分もすれば先生は自分に顔を向けてくれることを知っています。

（ナイネーメン小学校）筆者撮影
（小さなグループに分かれて座っている子どもたちの間を先生がゆっくりと歩いています。小声で子どもたちに指示を出したり教えたりしています。）

子どもたちの座り方だけでなく保育室のリラックスした雰囲気は日本では考えられない光景です。小学校の授業中にマグカップを手に歩いている先生や10時過ぎにお腹の空いた子どもが、自席でりんごやバナナを食べている光景は何度も見かけました。保育室で絵本の読み聞かせを聞いている幼児が、家から持参したジュースを飲みながら静かに話に耳を傾けていました。小学校の教室で二人の大人がいる光景をしばしば見かけるのですが、一人は保護者のボランティアです。インドネシア、アフリカ等の移民家庭の子どもが半数近く在籍している学校（特に首都アムステルダム周辺地域）や発達障がい児の普通学級での受け入れで、授業の展開が難しくなってきたために、教師を補助するために保護者が、自由になる時間（1～2時間程度）をボランティアとして教室に入り込んでいます。

子どもに安心感を与える保育室のデザイン

　プロジェクト幼児教育で、まず目につくのは保育室の配置（デザイン）です。全員が同じ机の配列で黒（白）板に向かって座るのではなくて、4つから5つのグループに分かれて座り、それぞれのグループが行なっている遊びや教育的な課題が異なっていることです。学校では国語と算数の授業が、同じ教室で同じ時間帯に行われているのも珍しくありませんが、日本人である私には理解を超えた授業風景でした。保育室では床で遊ぶ時間が多いのですが、子どもたちは円形（サークル状）に座って話を聞いています。毎朝サークルタイムと呼ばれる日課があり、今日一日は何をするのかを視覚的な素材を使って説明され、それを聞いてから子どもたちは、それぞれの準備された遊びのコーナーに分かれます。先生対生徒と言う優劣の関係で一方的に話されるよりは、互いの顔を見ながら会話を進めることで子どもは緊張感から解放されます。グループに分かれて活動している保育室を、先生は同じコースで歩いています。

（サークルタイムは互いの顔を見合って座ります。今日は何をして遊び、どのような遊びが準備されているのか、まるで目に見えるように一日のプログラムが説明されます。）（未来の保育園・幼稚園より）

遊びのコーナーを自分で選び自己検証をする

　保育室にはテーマに沿った遊びの素材やおもちゃが準備されていますが、それぞれの遊びのコーナーでの選び方がユニークです。自由と自己決定が、人生で一番大事なことだと考えるオランダ人気質そのものです。プラン・ボードと呼ばれている小型の白板に、保育室に用意されている遊びのコーナーが絵やイラストで描かれたカードで貼られています。自分が遊びたいと思う遊びの絵カードの下に名前やシンボルマークの札を貼ります。「ここで私が遊びます。」という子どもの強い意思表示です。勿論、幼児の自己決定は自己中心的で曖昧な選択をしがちですから、先生が色々と調整している光景も見かけます。

（準備された遊びのコーナーがボードに絵で示されています。まず、子どもが遊びの場を選択します。子どもが何をして遊びたがっているのか先生も理解できます。遊びの場の選択が終われば、個々の遊びの能力や人数調整は先生が行います。）
写真：Cito ピラミッド・メソッドビデオより

　プラン・ボードの使い方で感心したのは、自分で選んだ遊びの評価を自分で検証できるシステムです。遊びや課題を選んだ子どもが、その課題遊びを終えると、プラン・ボードに戻って、今、自分がやり終えた部分をチェックできる自己検証をやります。勿論、先生も後から子どもの自己検証のカードには目を通していますが、何よりも自己選択、自己検証の自立の精神が保育室全体に行き渡っていることです。

（自分で選んだ課題を自己検証している）筆者撮影

規則と習慣が目に見えるように

　オランダの保育光景を一見すると、子どもの勝手気ままな選択と行動に任せているように見えますが、規則は厳しく教えています。これまで何度もオランダの保育室に足を運んで来ましたが、保育者が大声で子どもを叱ったり指示したりしている姿は見かけませんが、決められた規則や習慣に関しては、日本的保育以上に厳しく繰り返し教えています。保育室の規則や習慣が守られるから、子どもたちは安心して遊べるのです。日本では見かけない遊びの指導法の一つに、保育室のコーナーに制限を与える考え方があります。クラス全体で同じ遊びをするようなときには、家庭ごっこコーナーはシーツで被われるか×マークが印されています。また、両側からおもちゃを取り出せる棚の片方にカーテンがかけられている時は、カーテンの空いている側を使うのがルールです。このように保育室に制限を加えることで子どもは何をして良いのか、何をしてはいけないのか、遊びのルール（社会性）を学びます。当然、グループ活動が中心ですから、他の子どもとの距離感や相手の考えていることを推測するような人間関係のスキルも身につけます。

　一日の生活習慣を見えるように、遊びと生活の流れが時計のように絵やイラストで示されたものが壁につるされています。遊んだ後のおもちゃや素材を片付けることを厳しく指導していますが、片付けやすい工夫も十分になされています。おもちゃの棚には必ずおもちゃの置く場所の写真やイラストが貼られています。小さなビーズや小物を入れる箱の外側に何が入っているのかが分かるように絵や写真が貼られています。使ったおもちゃは絵や写真が貼られている棚に戻すだけです。

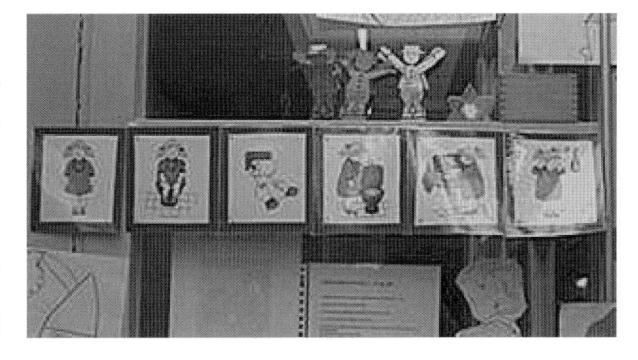

（トイレの前にトイレの使い方の順番が絵で描かれている。）

* 27 *

学力の秘密は保育室での支援の仕方

　日本からくるオランダの教育視察団の疑問の一つに、このようなやり方で「学力」が身に付くのかと日本の教育専門家は考えるようですが、PISA（国際学習到達度評価調査）ではトップのフィンランドとオランダの子どもの学力差は僅かで世界上位にいます。

　宿題なし、塾なしのオランダの子どもたちの学力上位の秘密は、個別指導が徹底している教育法です。勿論、全体の子どもに説明したり教えたりする時間もあるのですが、流れとして個別指導に力を注いでいます。保育現場で保育者の動きを見ていると、一人ひとりの発達目標を把握して、各グループを歩きながら子どもへの支援の度合いを変えていることです。一斉保育では子どもへの支援は平等に行われますが、小さなグループに分かれるスタイルでは、個別に子どもたちの個性や得意なことに焦点を当てて保育が進みます。

（グループに分かれて遊ぶ子どもたちを巡回して支援を繰り返す。特別支援保育者が言葉の指導の入り込みの光景。）
ナイネーメン幼稚園筆者撮影

子どもの庭から近代教育へ

　明治5年（1872）の学校制度の始まりと共に、東京に近代幼児教育のシステム Kindergarten（子どもの庭）が導入され、それを幼稚園と呼び学校制度の一環に組み入れられました。他方、明治6年（1873）キリスト教宣教師の支援で、横浜に託児所的な施設が作られ、福祉的な意味をこめて保育所と名づけられました。その後、1世紀近く幼稚園は文部科学省で、保育園は厚生労働省という二元化の政策が続いています。そしてようやく幼保一元化という「こども園」構想が視野に入ってきましたが、政治的な思惑で振り回されています。昨今の学校問題（例えば、学級崩壊、小1プロブレム、不登校、そして陰湿ないじめ）が社会問題として世間の関心を集めています。典型的な話題はマスコミ用語で「小1プロブレム」です。現場教師から、1年生がすっかり変わったと言われてから10年です。「学級崩壊」のように5、6年生が引き起こした教師への反発といった思春期前期の問題とは異なり、「小1プロブレム」は乳幼児期からの人間関係や遊びが充分に育ち切っていなくて、集団を作ることが出来ないといった意見もあります。また、「10歳の壁」という学校用語がありますが、速読計算や暗記には強く、10本の指で数えることは素早いが、10本を超える計算になると急にできなくなる問題です。そして、3年生頃からのちょっと複雑な計算や文章題は、出来ないというよりも分からないからやらないという意欲のなさです。数や文章の意味という概念形成が出来ていない幼児期に、数字だけを素早く取り出す計算や、漢字の意味よりも、素早く読める能力だけに走る一部の幼児教育のあり方も問題です。確かにこのようなやり方で学んだ子どもの中に、○○塾の天才と呼ばれる高度な能力を身につけた子どももいるそうですが、一時期に能力が特出しても、持続的な力にならないことは多くの研究で証明されています。世にもてはやされる幼児期の天才は、早熟した職人だと考えても良いのです。

　集団適応能力や学習意欲の問題は、保育者や教師の教え方だけに原因があるのではなくて、子どもの自律性の動機づけ（内的動機）や自尊感情の未熟さの問題点も指摘されています。アメリカのヴィゴツキー

(注：ロシアの心理学者）研究家 E・ボドロバと J・レオング（コロラド州ヴィゴツキー研究所）によると、教師が子どもに分かりやすいようなカリキュラムを組んでも、それを容易に受け入れようとしない子どもが多い事実を指摘しています。子どもたちは教師の指示に従うことができないだけでなく、教師の言ったことさえ覚えていないのです。指示に従うことのできない子どもは、クラスの他の子どもとも仲良くすることができないのです。(注9)

子どもの社会性への適応問題と自律性の動機づけ（内的動機）や自尊感情の関係はよく知られています。幼児期にこのような感情を育てられなかった子どもは、大きくなるにつれて他者攻撃性が強くなるだけでなく、人間関係を壊し他者を困らせるような行動をとることが日常化します。また他者と協力し、争いをうまく処理することができない故に、仲間と協力し合って学習するようなことが困難で、将来の学習能力にも影響を与えると言われています。またある教育者は、自律性の動機づけ（内的動機）や自尊感情は初歩的な算数や国語の能力以上に、小学校段階での影響が強いと言います。しかも、これらの感情は乳幼児期からの生育との関連を指摘しています。学習と自律性の動機づけ（内的動機）や自尊感情の関連性は多くの学者が述べているように、これらの自己規制機能が不十分な場合、自分の感情を抑えることが出来ない子どもは、注意力を求められるような学習能力は低下しています。脳生理学者によれば、自律性の動機づけ（内的動機）や自尊感情のような心の動きと、学習的な機能の両方を支配している神経系の機能が共通しているからだという説もあります。情緒的に安定している子どもは、その後の学習的な能力にも安定しているのです。

保育者と子どもの心理的愛着というカルク理論

私がオランダのカルク博士を紹介されたのは、ちょうどミレニアム 2000 年度の2月でした。当時の彼はオランダ王立教育評価機構 Cito の職員でした。増え続ける移民家庭の子どもの社会適応力や学力低下に悩んでいた政府が、Cito に新たな幼児教育法の開発を依頼し、カルク博士を中心に Piramide Method（ピラミッド・メソッド）が実施されました。私にとって、カルク理論の大きな魅力は保育室の中における「保育者と子どもの心理的愛着理論」でした。日本でも次第に働く女性が増えるにつれて、家庭での母子関係の希薄さが取りざたされていますが、保育園（幼稚園）においても、子どもの家庭生活の不適応さから起こる問題が取りざたされる昨今です。しかし、子どもが問題行動を起こした時や、障がい等の発達上の問題さえも、いまだに家庭における親の育て方、特に、母子関係や愛着の希薄さに求められる傾向があります。

子どもの不適応問題は母親の世話の仕方（愛着）に問題があると暗にほのめかす傾向が強いことです。オランダでは大半が二人共働いて一つの家計を営み、婚姻形態も日本とは大きく異なり、未婚女性の子育て、同棲型の家庭、夫婦別称が一般的な社会状況の中で、従来型の育て方責任論（母性愛）という考え方から、子どもがどのようにして人生の最初の愛着形成を築き、どのようにして社会の一員としての意識を築くのかが大きな関心ごとです。

カルク理論の明快さは、保育者と子どもの関係を構造的にとらえていることです。「子どもの自律性」、「保育者の支援」、「心理的に寄り添う」、「離れる」という考え方を取り入れたのです。これらの四つの基礎石が構築された保育室の中で子どもは健全に育つと考えます。

まず重要なのは「自律性」ですが、「子どものやる気」（自律性の動機づけ）と「保育者の支援（働きかけ）」に分けられ、これらの自主性を活き活きと活動させるために、正反対のように見える二つの基本概念、「心理的に寄り添うこと（nearness）」と「心理的に距離をおくこと（distance）」という考え方を使っています。寄り添うことはアタッチメント（愛着）理論であり、距離をおくことはディスタンシング（距離をお

こと）理論です。(注 10)

子どもの自律性（やる気）とは？（自律性の動機づけ）

　子どもは自分で世の中のことを理解し、課題を解決する方法を学ばなければいけません。それ故に積極的な好奇心を持って遊びや学びを継続する必要があります。このような力は社会環境の中で体験を通して身につけるようです。特に、幼児期の子どもは遊ぶことで、自分を見つけ他者を知ると言われています。遊びの中で他者と向い合うことで、互いの協調も起こりますが、しばしば多くの摩擦を体験することで、自分を理解し他者を学ぶのです。最近の学習理論が唱えることは、子どもは保育者から教えられることを受身的に受け入れている限り、自主的な行動が起こらないということです。積極的に自分の体験から出発して、自分が好むもの、好奇心を抱く事柄に関心を向け、自分のために考えることが、自己コントロールや自尊感情につながると考えられています。自分で自分の意思や行動をコントロールするためには、保育室の中で、自主的な遊びや学びの時間が与えられる必要があります。

保育者の支援（働きかけ）とは？

　保育者が保育室の中で子どもに遊びやすい環境を準備し、学びやすいプログラムを提供する保育者の援助は重要です。ロシアのヴィゴツキー派の学説によれば、子どもの学びというのは保育者からの支援を通して、保育者との相互作用から社会的な能力を身につけると言います。子どもにとって何が必要かを保育者が理解して、適正なプログラムを提供すれば、子どもの能力は高まると言う考えです。また、アメリカの教育心理学者ブルーナーは「足場」という考え方を提唱しています。この「足場」とは、家を建てるときの足場のことを意味し、「足場」というのは、「足場機能」をもった大人の援助があれば、子どもは大人の支援なしには到達できない、より高いレベルに到達できることの例えです。この観点での「足場」は、保育者によってデザインされた保育環境を提供し、遊びを豊かにすること、また子どもが行う課題を秩序立てて明確にすることも意味します。子どもの好き放題の遊び方に任せるという意味ではなくて、子どもが積極的に自分のために学ぶ（自律性のある学び）ことを教えられ、学びを意識する（自分の行為に意味を見つける）ように教えられる必要があります。自分が遊んでいることを意識し、意味を見つけることをメタ認識とも呼ばれ、将来、子どもが想像や抽象の世界を理解するのに必要な能力です。それ故に、保育者は遊び方を教える、一緒に遊ぶ、見本と方向を示す、明確な指導を与える、質問する、問題状況を示す、課題を（事前に）系統立てて教える力が求められています。(注：カルク博士インタビュー DVD より)

寄り添うこと（Nearness 理論）

　心理的に寄り添うこととは、子どもを保護する必要性のことです。具体的には、身体的な寄り添いもあります。例えば、乳児保育室で、数人の担任保育者が一緒に世話する保育から、一人ひとりを世話する担当制の保育に代えると、乳児は自分が世話してくれる担当者が動くと、その方向に視線を向けて保育者の動きをじっと見ています。心理的な寄り添いには、保育者が他の子どもに手を取られていても、子どもが安心感を得ていれば寄り添われているという感情があります。その子どもは自分が必要とするときに、保育者がそばにいてくれることを知っています。寄り添うことは、もはや身体的なものではなく心理的なものになっています。このような感情から他者を信頼する気持ちが育って行くのです。
心理的な寄り添いの概念はアタッチメント（愛着）理論から導入されています。この理論は、母子関係の研

究から数多くの事実が発見されて来ましたが、保育室における保育者と子どもの関係も同じだということが分かってきました。子どもの発する信号に対してタイミングよく答えることができるよう、保育者には感受性が求められます。保育室の中で、心理的寄り添う関係を築くためには、保育者は次のような保育技術を身につける必要があります。

・保育者は安全な保育環境をデザインし、一定の情緒的支援と励ましを確保して、否定的な表現を控え子どもとの心理的信頼関係を作ります。
・保育者は子どもの自主性、自己流の行動の仕方など、子どもの自立に敬意を表してあげます。
・保育者は保育室における子どもの行動に対して規則を教え、制限を設けて秩序ある保育ができるようにします。
・保育者は子どもの発達に応じ、具体的に何をするのかを説明を与えてあげます。(注11)

距離をおくこと（Distance 理論）

　心理的な距離とは、目の前にある物事以外に焦点を合わせられる、抽象的な能力のことです。この焦点能力は具体的表現を行うこと、例えば、現実の物事（物、課題、考え）を表現する絵や記号や単語を使うことです。心理的距離の概念は、動的心理学が主張する distance 理論から導入されています。この理論も母親と子どもの関係の研究から数多くの事実が発見されています。例えば、目の前にある物事にだけ焦点を合わせた親の子どもは、ほどほどの発達を示していました。しかし、目の前にある物事以外の物事に、ひんぱんに焦点を合わせた親の子どもは、実にしっかりした発達を示していました。(注12)

遊びの支援とひとり遊びと仲間遊びの指導

　一斉型教育の指導では、保育者はクラスの子どもをすべて同じ発達であるという前提で、同じ内容を伝えようとします。他方、一人ひとりの子どもとの関係を強める小さなグループに分けられた保育のスタイルでは、保育者はじっと同じ場所に立っているのではなくて、絶えず保育室の中を歩いています。保育者が支援しなくても子どもが自主的に遊ぶことは理想ですが、昨今の保育室ではそのような姿はめったに見かけません。むしろ保育者を頼って自分の行動や遊びを決める子どもが多いのです。支援が多くなれば保育者も疲れ果て、子どもの自律度も少なくなります。手のかかる子どもが多くなったという意味だけでなく、子どもは遊びを展開させて、目の前の事実から、目の前にないことを想像して遊ぶ力も必要です。将来の学習に向かっての抽象的な理解力を身につけるには保育者の助けが要ります。

　伝統的な保育理論では、子どもがひとりで学ぶことと、仲間と一緒に学ぶことでは、子どもの獲得する能力に違いがあると言われています。ヴィゴツキー（ロシアの心理学者）によれば、他の子どもと一緒に遊び学ぶことが特別の位置を占めています。子どもが遊びと学びの保育環境の中で、ひとりで遊んで学び、また他の子どもと一緒に遊んで学ぶような環境を保育者が作り出すことが必要です。

・ひとりで学ぶときは、その子どもが思い通りに選択を行ないます。一緒に学ぶときは、他の子どもと一緒に遊び、しゃべり、作業します。ここで行われるのが協同学習で、そこでは子どもが課題を行なったり、問題を解いたりするために一緒になって作業します。保育者は子どもに作業を促すほかは見守ってあげればいいのです。
・さらに、保育者が直接かかわるグループ遊びと学びがあります。ここでは保育者とグループ全体との相互作用が行われ、この場合は子ども全員が参加しています。それは保育者と小グループの相互作用、または

保育者と子ども一人ひとりとの相互作用が行われます。
- グループが小さくなるにつれて、そのグループ内のより多くの子どもがひとりで作業して、自分で決定していかなければなりません。これは遊びと学びの保育環境に前もってその準備ができていなければならないのです。もっとも、保育者が関わっているグループが小さくなるにつれて、個々の子どもに対する注意は相互作用とともにそれだけ大きくなります。

感情理解的な保育から実践的な保育理論を身に付けた保育者へ

　日本の教育の質的な高さ（多くは個々の保護者の教育熱と責任に任されていますが）は、西欧先進諸国の認知であり、アジアの開発途上国からは羨望の目で眺められています。大量の知識や技能を一斉に教える伝達型教育は、明治以来の日本社会を支え続けたことは確かですが、それが崩れ始めている証拠はPISA（国際学習到達度評価）や不登校、いじめ問題にも現れています。日本の保育者が求められてきた能力は"気がつけばよく動く"保育者でした。皆で子どもを世話し把握することを学んだ保育者は、よく気がつく人、よく動く人の評価は高かったのですが、実際は目こぼしも多かったようです。

　西欧先進諸国と比較して、日本の保育や幼児教育が論じられるときに決まって出てくる話は、子どもの感情理解と保育者の態度や姿勢のあり方が強調される、いわゆる感情的な保育です。子どもに寄り添い子どもの気持ちを受け入れて保育を進める教育は、相手の気持ちを受け入れることに慣れている私たちには、馴染みのある接触方法だと思いますが、相手を理解しなければいけないという保育者側の精神的な負担も大きいと思います。また、保育者指導研修会などの内容に、子どもを認め子どもの表現にうなずき、子どもの心の理解者としての保育者の態度が説かれていますが、子ども理解よりも保育者の態度のあり方が説教的に講義されています。プロジェクトを現場で体験している保育者が次のような話をしています。「プロジェクトをとり入れる前の保育は、一年の保育の計画はあったものの、はっきりとした明確さがない感覚的な保育だったように思います。だから、感覚的に教わったことを感覚的に受け止めて、こんなやりとりかなと模索しながら行う保育だったかなと思います。しかしプロジェクトは、はっきりとした遊びのテーマがあり、実際に保育をする中でも、伝える側の立場でも、感覚的ではなく、子どもの育ちなどを明確に受け止め、伝えやすい保育方法の一つであると実感しています。それは子どもに対しても、保育者に対しても効果的です。」（注6）

　保育は科学であるから、見えにくい保育の営みを見えるようにと語られますが、具体的に見える保育や方法論的なことまで話されていません。友人のカルク博士もしばしば見える保育を主張し、子どもへの接し方に「Nearness（寄り添う）」と「Distance（距離感）」論を語り、子どもに理解しやすい方法に「子どもの知っている体験と知識」から「子どもが知らない知識やイメージの世界」に誘導する保育方法としてプロジェクト幼児教育を唱えています。現在のように生活環境が複雑化してきた社会では、保育者自身も子どもと関わりながら、それぞれの子どもの最適発達点（Optimization）まで導く指導法Pedagogy（ペダゴギー）を身につけた質的に高い保育者が必要です。Pedagogy（ペダゴギー）の語源はギリシャ語で「子どもを導く」という意味だそうですが、現代のEducation（教育）のように教える、伝達教育とは異なり、幅広い社会的な知識、例えば、文学、社会学、民俗学、等の根幹的な教育法をPedagogyと呼ばれる質的に高い理論構成がなされています。

　オランダ在住のリヒテルズ直子（オランダ教育・社会事情研究家）さんが、Piramide Method（ピラミッド・メソッド）を「どんな保育者にも取り組める完成度の高いメソッド」と次のような興味深い論評をし

ておられます。(注8)

「オランダで配布されている「ピラミッド・メソッド」のパンフレットには、このメソッドを採用している、あるオランダの保育園の園長の次のようなコメントが掲載されています。

" 今日のように、保育者（や教員）があまり深い経験を持たずに仕事を始め、また、その多くがパートタイム（交替制）で働き、病欠もよくあるというような時代、私は園長としてリスクを冒すわけにはいきません。つまり失敗を冒さないために完成度の高いメソッドを選びたいし、その意味で、ピラミッド・メソッドは私の選択にかなったものでした。このメソッドは、経験の豊かな保育者に対しては、自分なりの経験に基づいて内容を膨らませることのできる余地を設け、また、初心者や代用保育者のためには、すぐに失敗なく取り組めるような基礎的な枠組みがしっかり用意されています。"

　実際、ピラミッド・メソッドは、オランダで認定されている他の保育メソッドに比べても、実に細かい配慮が施された完成度の高いメソッドであるといえます。あまりに周到に作られているため、伝統的に独自の理念に基づいて、自分たちで常に方法を工夫してきた、オールタナティブ系の学校ではあまり好まれないほどです。しかし、日本の保育園や幼稚園のように、一般的にいって、保育者にあまり大きな「自由裁量権」が認められておらず、また、子どもの全人的な発達を踏まえて、教育学的に綿密に練られたメソッドを使うという経験が乏しい場所では、かえって、ピラミッド・メソッドのように周到で完成度の高い枠組みのあるメソッドは、メリットがあるといえるでしょう。未経験の保育者たちでも、指導書を使って、すぐに取り組めるからです。

　また、オランダでは、ピラミッド・メソッドに限らず、新しいメソッドを導入する際には、現場の施設に専門のトレーナーがやってきて、そこで保育者（教員）全員にいっしょに研修を与えます。また、一旦保育室や教室で実践を開始してからも、保育者たちは、しばらくの間、トレーナーから現場コーチングを受け、自分のやり方をフィードバックしてもらうことができます。こういうやり方は、今後ピラミッド・メソッドを日本でも広く普及していくためには、大変有効なものであると思います。」

(注6)

第三章

プロジェクト幼児教育はこのように展開します

NPO法人国際臨床保育研究所　所長
ピラミッド・メソッド教授資格者　社会学博士　辻井　正

> プロジェクト型カリキュラムは西欧先進諸国において行われている教育法ですが、世界がますますグローバリゼーション化する時代に、子どもが受け身的に知識や人間関係を学ぶのではなくて、積極的に自ら探索し自ら学ぼうとする意欲を育てるプログラムです。プロジェクト幼児教育はドイツのイエナプラン、イタリアやアメリカのレッジオ・エミリア幼児教育、スウェーデンのEdu-Care（養護と教育）、そしてオランダのPiramide Method（ピラミッド・メソッド）等が積極的に取り入れています。
>
> 　本書で取り上げるプロジェクト幼児教育法は、Cito（シト）「旧オランダ王立教育評価機構」によって作成されたカリキュラムに沿って説明しています。理論的な背景は第1章で解説されていますが、大きな特色は、子どもの関心事や体験からテーマを選び、八つの発達領域との関連で1年間のプロジェクトが進められます。毎月、第1週から第4週まで、平均30分（年少）から50分（年中、年長）程度プロジェクト活動を行います。普通の日々の保育活動に、特定のカリキュラムを導入するやり方ですが、知識（教科）の基礎となる包括的な学び方から、教科（例えば、数える、大きい小さい、文字への興味、世界への知識等）に導く小学校と連携したカリキュラムです。
>
> 　オランダの国立大学での検証結果、プロジェクトで学んだ子ども集団は、従来の一斉型教育で学んだ子どもに比べ、言語獲得能力の高さが証明されました。(注7) その理由として、保育者から一斉に伝達されて受け身的に学ぶのではなくて、体験と小さなグループに分かれる共同学習法に加えて、同じテーマを3年間かけて行われるらせん状的な動的発達理論が根拠になっています。（辻井　正コメント）

プロジェクトは、平素の保育活動の流れの中に、特定の活動（プロジェクト型カリキュラム）を取り入れる幼児教育活動です

　日本の伝統的な幼児教育（保育）は、系統的に多くの知識を一斉に伝達する知識蓄積型教育法です。（アジアの経済発展の目覚ましい国々も同様の方法です。）それに対して西欧では系統的な知識や教科（読み・書き・計算）を教える前に、子どもの現実的な関心事からテーマを引き出して、子どもの生活環境全体からテーマを展開することで、子どもが自ら探索して解決法を探るプロジェクト教育が主流です。それぞれの国の文化的な違いから教育法も異なってくるのですが、明治百数十年にして西欧文化と科学を身につけた日本の奇跡の秘密は、日本的一斉型教育法だと信じられ、現在の発展途上国の経済発展のモデルになっています。しかし、日本的奇跡も各分野でほころび始め、特に教育分野における学ぶ意欲の低下や不登校、引きこもり、学校内いじめと解決の糸口を見つけにくい難問が山積みです。近年、プロジェクト教育が注目を浴びている理由の一つに、OECD（国際経済協力開発機構）によるPISA（生きる力と技能テスト）、通称国際学習到達度調査があります。2002年12月5日に発表されたPISA調査では、日本の子どもの読解力は8位で、世界のトップレベルに並ぶ（2位から8位までの差がわずかなため）とマスコミが書きました。そして、3年後には8位から14位に転落した事実は、関係者には相当なショックを与え国際的学力論議が活発になりました。

PISA テストは「生きる力」を試しているといわれる理由に、従来の IQ テストや学力コンクール的な能力競争ではなくて、子どもが身につけた知識が、現実にどれだけ応用できるかを試すものです。身につけた教育力が、生活の中でどれだけ役に立っているか、言い換えれば教育の市場性テストです。教育の市場性（役立っている指標）という言葉は、教師や教育学者から非難を受けやすく、伝統的に日本の教育界を被っている教育論は、子どもの気持ちの尊重や学ぶ意味論的な精神論が中心で、教育が現実生活で役に立っている目安論は嫌われてきました。しかし、教育というのは、現実社会で生きていくための道具（手段）であって、教育を受けるために生きているのではありません。受験一辺倒の中で、親も教師も教育で苦労してきた歴史を背負ってきたが故に、心理的反動として、教育を純粋化して論じる傾向があります。それでは、PISA はどのようなテスト内容を行うのでしょうか。従来の国際テスト（IEA、IAEA）は教科カリキュラムに重点をおいた調査であったが故に、世界の参加国がもっている固有のカリキュラムには目を向けられませんでした。PISA はそれらの欠点を補うために、教科カリキュラムに適した学習到達度ではなくて、将来の社会生活に役立つ学習の習熟度調査であることと、3年ごとにカリキュラム領域を変更していくことで多方面の調査がでる利点があります。多くの国が PISA 調査に関心をもつ理由は、それぞれの国の教育水準や個々の子どもの学力ではなく、現代社会の多様化したグローバリゼーションの中で生きていくだけの能力を、今、子どもたちが身につけているのかを問う調査内容です。調査結果の低い国は、現代社会に対応できにくい固定した教育システムを与えていることを意味します。(注13)

　オランダの子どもの学力（PISA）は、世界の高レベル層の成績を残していますが、その秘密はオランダの教育法にあると言われています。オランダで開発された Piramide Method（ピラミッド・メソッド）(注9) は、同年齢による一斉型教育（保育）と個別教育（保育）の利点を取り入れた新しいカリキュラムです。1980年代頃からオランダには多数の移民家庭の子どもが保育園や幼稚園に通い始めました。オランダ語が不自由な移民家庭の子どもたちは、先生から質問されるといつも「はい、はい。」とうなずくことに保育者や教師は気づき始め、クラスのお客様的な子どもの増加に、理解の困難な子どもへの個別指導の必要性を実感し始めました。その結果、一斉型の保育と個別対応の保育を取り入れたプロジェクト幼児教育の研究が進みました。一言でいえば、プロジェクト型カリキュラム Piramide Method（ピラミッド・メソッド）は平素の保育活動の流れの中に、特定の時間に特定のカリキュラムを取り入れる方法です。「各プロジェクトのテーマは、約1ヶ月続き、そしてすべての発達領域が計画に組み入れられます。例えば、スーパーマーケットを中心に構築されるテーマは、自然と数式展開へのチャンスであり、私たちが着用する服を中心に作りあげられるテーマは、言語概念を含む活動に役立ちます。まつりは時間概念を検討することを助長し、そしてお祝いは、感情的、社会的概念への扉を開きます。」と Piramide Method（ピラミッド・メソッド）開発者カルク博士は教科（数、言語、時間概念等）との関係も強調しています。(注14)

プロジェクト導入－下記実践例参照－

　保育者は平素の通常保育の流れの中で、子どもが最も興味を持っている事柄や子ども間で話される会話の内容等から、プロジェクトの主題であるテーマを引き出します。年間の発達領域は、保育者が子どもを導きたいと思っている保育の軌跡（カリキュラム）であり、園全体としての年間カリキュラムは園の教育（保育）理念ですが、それらを展開する道具としてテーマが必要です。そのために子どもが興味を持っていることから展開するためには、日ごろの子どもの遊びを観察し、子どもの会話に耳を傾け、共感したり質問をしたりすることで、子どもの興味の情報を集め、子どもたちの先行経験（体験していること）や理解力を知っ

ておく必要があります。

　大まかなテーマが決まると発達領域との関係を明確にして、展開方法やプロジェクトを行う場所、規模、素材等の検討を行い、子どもの興味と、保育者が子どもを導きたい方向のバランスの取れたテーマづくり（地図）を作図します。(注15)

　平素の保育活動の中でテーマに関する遊びや情報を手に入れた子どもたちが、第4週目のプロジェクトの日（Project Day）に平素の保育活動の包括的なまとめとして、お店屋さんごっこ、ファッションショー（劇）、アメリカ旅行等のファンタジーな世界で遊んだり作品作りを行うことで、プロジェクトで学んだことを言語化、抽象化、作品化させます。保育者は、子どもたちがプロジェクトの行われる第4週目を待ち望むように気持ちを鼓舞し、保育者自身もプロジェクトの最終準備に励みます。

プロジェクト幼児教育は同年齢構成と異年齢構成（マルチエイジング）の組み合わせによって行われるプログラムです

　昨今のマスコミを通じて報道される「学校内イジメ」問題は、日本の教育が抱えている根本的なウミが溢れ出たようです。「学校内イジメ」問題を教育的な視点から言えば、子どもたちの極端な単層型生活形態に問題の根っこがあります。同じ地域に生まれた子どもは揃って同じ年齢構成で、同じ内容の知識を同じやり方で教えられます。同年齢が同じ知識内容の教育を受けることは、全体的な組織力を発揮しますが、個々の子どもの違いや持ち味は無視され、異年齢間の交流や人間関係を鍛えられるチャンスを失くすと同時に、異年齢体験の少ない子どもの遊びが、人間関係の希薄さにも現れています。

　オランダのプロジェクト幼児教育は、マルチエイジング（異年齢集団）で行われますが、一斉的な教え方と異年齢集団を個別的に教える方法が取り入れられています。特に理解が困難だったり、オランダ語を話せなかったりする子どもが多いクラスでは、一斉型と個別指導がうまく組み合わされ「落ちこぼれへの抵抗」(注8)と呼ばれるカリキュラムが充実しています。

　平素の保育活動は同年齢で行われ、子どもたちの発達年齢に適した知識や技術を身につける活動ですが、プロジェクトの日（Project Day）には、異なった年齢構成の時間を過ごすことで人間関係のスキルを磨きます。異なった年齢構成の原型は家族で、世話をする、教える、世話される、教えられる関係をプロジェクト活動の中で体験することで、子どもたちは複雑な人間関係を学びます。一方的に教えられる体験では学ぶことのできない、人間関係の基本を身につける貴重な時間です。現代の家庭は家族の形を失いました。多くの子どもの食卓は一人で食べる孤食であり、親子の会話は限られた短文であり、子どもたちの一日の時間はテレビ、テレビゲーム、携帯、マンガ、ＤＶＤ等に費やされています。プロジェクトの日（Project Day）では、同じテーマを年齢の異なった子ども同士で学び、体験し、意見を述べ合う時間を通して複雑な人間関係の営みを学びます。

マルチエイジンググループ（異年齢活動）での保育者の指導方法

　プロジェクトの日（Project Day）は、異年齢構成によるサークルタイムから始まります。保育者はテーマを説明します。テーマのねらいやプロジェクトの目的を見えるような素材を使って説明します。既に平素の保育活動の中で基本的なテーマ遊びを体験している子どもたちは、プロジェクトの日（Project Day）は待ち望んでいただけでなく活発に自分の意見を発表します。

　そしてサークルタイムが終わると、子どもたちは遊びの場所が示されたプランニングボード（遊びのコー

ナーがイラストで示されたカード板) から自分の遊びを決めます。テーマの情報やテーマに関する素材を使った遊びで、同じテーブルやカーペットに異なった年齢の子どもが集まっているのですが、用意されている内容や素材も異なった年齢に適したものが置かれています。

　異年齢グループで遊んでいた子どもたちの中から保育者は同年齢の子どもだけを小さなテーブルの周辺に、時には床に敷かれたカーペットに集めます。特に5歳児にはプロジェクトのテーマと教科（例えば、読む、書く、数える等）的な関連を教えています。10分程度の年齢別指導ですが、保育者が工夫した教材カードやプロジェクトに適したおもちゃを使って指導しています。話が終わると子どもたちは元の異年齢に戻って遊びます。保育者は再び同じルートでクラスの中を歩きますが、遊びの展開が十分でないグループには数分間立ち止まって一緒に遊んでいます。しばらくすると年中児の子どもだけを集めての説明が行われています。このようにして一斉型の教え方と年齢別指導を使い分けながらマルチエイジンググループの保育を展開しています。

日本では同年齢による一斉型保育（教育）が中心に行われている故に、例え、プロジェクトの日（Project Day）だけに限定しても、保育者がマルチエイジング構成の指導に慣れていない場合は子どもに混乱を起こし、包括的な教育内容を教えることができない恐れがあります。そのような場合は、プロジェクトの日（Project Day）は同年齢で行ってください。オランダでも異年齢か同年齢かの判断はそれぞれの園の考え方に任されています。）また、最終日は平素のプロジェクトよりも多くの時間が費やされます。　（辻井　正コメント）

支援の具体的な方法 （下図参照）

わずかな支援（下段）：大まかに9時〜10時自由遊びの時間です。

　保育室全体がプロジェクトのテーマを予測させるような雰囲気（しかけ作り）の中で子どもは自由に遊んでいます。保育者は子どもの遊びを促すと同時に個々の子どもの遊びを観察する大切な時間帯です。
　発達レベルが高く、自立の程度が大きい子どもは、ほとんど支援を必要としません。保育者は未解決の問題について尋ね、計画を聞き出し、子どもに自力で問題を解くようにさせます。また、評価に必要な問いかけもします。

普通の支援（中段）：大まかに10時〜11時

　プロジェクトの日（Project Day）のテーマに合わせた各種の遊びが準備され、子どもたちはグループに分かれて遊びます。保育者は遊びを発展させるために子どもたちの遊びに加わります。
　発達レベルが平均的で自律の程度も平均的な子どもには、必要最低限の支援が必要です。「その子どもには内容に関する支援が必要ですか？それとも作業行動の領域の支援が必要ですか？子どもの自主性を保つためには、どのくらいの支援を与えるべきでしょうか？」を考える必要があります。

個別的な支援（上段）：大まかに11時〜

　子どもの理解力が不十分な場合、その子のレベルで活動（最適発達）できるように支援する必要があります。自律の程度も未熟だったならば多くの支援が必要です。ほとんどは内容に関することですが、作業行動の領域でも支援する必要があります。支援しなければ子どもが自主性を持つことは難しいでしょう。例え保育者が多くの見本を示してあげたとしても、子どもには自分で決めたという気持ちを持たせてください。

（時間の流れと共に遊びの支援の方法を変える。）

プロジェクトカリキュラムの具体的な展開

わんぱく保育園　吉村　登志子　園長

―わんぱく保育園3歳、4歳、5歳のマルチエイジング（異年齢活動）―
発達領域：言語理解
テーマ：『まつり』(注16)

子どもたちが興味や関心を持っている出来事を探り、テーマを決める

　プロジェクト保育を行う最初の取り組みは、平素の保育活動の中で子どもたちが興味や関心を持っていることを探り、プロジェクト活動のテーマを決めます。子どもが興味を持っていることから展開するためには、日ごろの子どもの遊びを観察することが必要です。子どもの会話に耳を傾け、子どもの興味の情報を集めます。また、保育者が質問し一緒になって「なんだろう？」「どうして？」と考えることで子どもたちのイメージを広げ、大きな流れを作っていくきっかけとなります。この作業は子どもたちの先行経験（体験していること）や知識、理解力を知り、テーマ展開を行ううえでとても大切なことです。

　保育者の仕掛けづくりやサポート（言葉がけ・遊び）により、子どもたちは目の前にある事柄から遠くのもの（目に見えないもの）へとイメージが広がり、興味・関心が湧くようになります。また、普段何気なく目にしていること、すでに知っていることでも興味・関心がより深まることとなるのです。

サークルタイムは子どもの情報源です

　朝夕のサークルタイムでは、互いの気持ちを伝え、仲間の思いや考えを知り、違いに気づくことができます。そのような環境を作ることで、秩序や気持ち・行動のコントロールができるようになり、自然と相手の立場に立って考えられることが身につきます。

　また、サークルタイムはテーマに関する子どもたちの認知度を知るうえでも欠かすことのできない時間です。

サークルタイム：サークル状に座って今日は何をして遊ぶのか子どもたちに説明し、子どもたちの意見を聞いたり、説明したりしながら10分から20分程度の集まりです。

（朝のサークルタイム）

> 「椅子をサークル状にして行う朝のサークルタイムの時間は、従来の保育者対子どもたち（1対数人）よりも双方で一体感を感じられ、個々の子どもの顔・表情から心情を読み取ることもできるようになりました。少し不安定な子や、落ち着かない子は保育者のそばにそっと座るようにし、手を握ったり、身体を寄せたりして全体的な落ち着きにつなげていくことができました。また、プロジェクトのテーマについて話が出来る、子どもたちも気持ちや意見を言いやすい、発言者の声を聴きやすいといった面もあり「聞く・聴ける・話す」といったことが小さな年齢のクラスからでも自然とできるようになっています。また子どもたち個々の理解度や発達を朝の始まりに把握も出来るのです。こうして、取り組む前の抵抗感はすぐに払拭されていきました。」とサークルタイムを続けている先生からのお話です。（辻井　正コメント）

8月2日のサークルタイムより

　　8月1日に行われたＰＬの花火大会に出かけたり、家の近くから花火を見たりしたこともあり、この日の朝は花火やおまつりを通しての会話が弾みました。体を使って花火を表現する子どももいて「どんな音だった？」「体のどこに響いた？」など質問すると情景を思い出しながら話す姿がみられました。実際に花火を見ていない子どもも新聞や写真、お友達が話す内容について興味を示し聞き入っていました。
　みんなのお話を聞いた後、花火やおまつりに関する絵本を読みました。お話の世界と体験とが合わさってイメージが膨らみ、子どもたちからたくさんの言葉が聞かれました。
　子どもたちの興味、関心が花火やおまつりに向いていることから8月のテーマ『まつり』を花火や地域のおまつりから展開し、取り組むことに決めました。

プロジェクトの実行

　　各ご家庭から『まつり』に関するものをお借りしました。はっぴ、ゆかた、足袋、帯、うちわなどをお部屋に飾ると興味津々の子どもたちでした。まつりを通しての会話も弾み、手に取り触って遊ぶ姿や着てみようとする姿が見られました。
　また、『まつり』に関する絵本や資料をコーナーに置くとそれを眺めたり読んだりしながら自分の経験と重ね合わせる姿も見られました。

（子どもの興味を引くしかけが保育室に飾られている）

子どもの興味・関心をテーマづくり（地図）で作成する

　　テーマに関しての子どもたちの知識や経験を深く知るために、サークルタイムの時間にクラス全体で話し合った上でテーマづくり（地図）を作成します。
　保育者の発問には…
　　1.子どもたちの知っている知識や経験していることと関連してたずねる。
　　2.テーマ展開の互いの関連性に気付かせる質問をする。
　　3.子どもたちが間違った知識を持っていたり、自分の体験をうまく言語化できないときには「どうして？」「もしこうだったら？」と質問して自信を持たせる。
　　4.答えるのに急がないで、自分の考えをまとめる時間を与える。
　などの点を意識することが大切です。

プロジェクト第1週目
目的や発達領域をはっきりとさせる（具体的な説明をする）

　積極性、探究心、意欲といった能力は、認識力と情緒的な能力をバランスよく発達させることから生まれてくるもので、子どもたちに備わった潜在的な能力です。プロジェクト保育は、このような能力（子どもの心の中にある力）を引き出し、保育環境の中での遊びや学習のチャンスを子ども自身がコントロールし、自己の能力を使って柔軟性に富んだ創造力を発揮できる教育法と言えます。プロジェクトを進めるにあたっては保育者がテーマと発達領域の関連を考えることが大切です。また、テーマ展開の為の保育素材や道具、情報源の準備、各テーマを実施するグループ作りや場所と期間の設定も合わせて行います。

テーマ『まつり』と発達領域との関連を考える

　毎年花火やおまつりに参加している子が多くいることから、子どもたちの大好きな花火、まつりをきっかけに、地域に興味をもち自分たちの住む町を知ったり、地域の方と触れあいや繋がりを実感する体験を通して人間関係、言葉の獲得をねらいとし進めます。また、体験したこと探索したことを整理し、作品作りや表現活動へと繋げていきます。

　地域のおまつり＝金田まつり

　　保育園の近くの金岡神社で、江戸時代の中ごろから始まったといわれ、90cm以上の太鼓が各町にあり、町内を勇ましく担ぎまわり、神社に11基の大太鼓が揃えば盆踊りへと舞台が移る。豊作や町内安全祈願と、お盆の時期に帰ってくる先祖の霊を慰める風習から盆踊りが行われている。

保育素材・道具・情報源を考える

（保育者が事前に地域を回って調べた情報）

（実際のおまつりの様子を映像で見せる）

（地域に出かける）　　　　　　　　　　（屋台で仕事をする人に話を聞く）

プロジェクト第2週目

テーマづくり（地図）を作成し、子どもの興味、関心を探る。（身近なものから体験する）

　子どもたちの会話や観察から、子どもたちが知りたがっていること、アイディア、子どもたちが経験していることを書き出す作業を行います。そこからありのままの子どもたちの姿を見つけることで子どもたちの育ちや学びを理解します。次に、保育者自身が展開したいと思うアイディアをテーマづくり（地図）に書き出す作業を行います。テーマづくり（地図）に書き出すことでプロジェクトが単なる遊びに終わることなく、一つのテーマを通して子どもたちの育ちや学びに深まりと幅が出てくるようになります。

プロジェクト展開『まつり』のテーマづくり（地図）

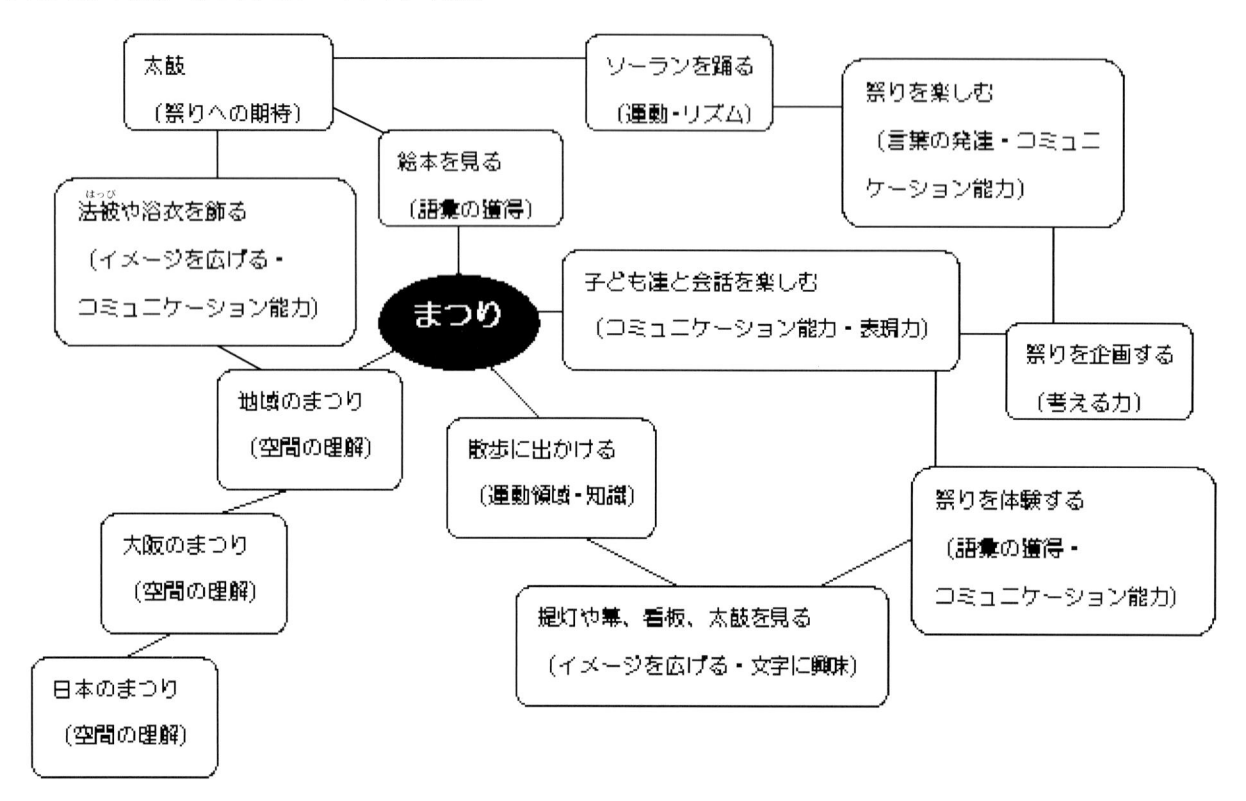

```
太鼓                ソーランを踊る      祭りを楽しむ
(祭りへの期待)       (運動・リズム)      (言葉の発達・コミュ
                 絵本を見る            ニケーション能力)
法被や浴衣を飾る   (語彙の獲得)
(イメージを広げる・           子ども達と会話を楽しむ
コミュニケーション能力)      (コミュニケーション能力・表現力)
                    まつり                          祭りを企画する
  地域のまつり                                      (考える力)
  (空間の理解)    散歩に出かける
                 (運動領域・知識)                 祭りを体験する
  大阪のまつり                                    (語彙の獲得・
  (空間の理解)                                    コミュニケーション能力)
                 提灯や幕、看板、太鼓を見る
  日本のまつり   (イメージを広げる・文字に興味)
  (空間の理解)
```

プロジェクト第3週目

遊びの展開（理解を広げる）

　子どもと子ども、子どもと保育者が互いに対話したり、子どもたちの「これはなに？」「なぜだろう？」「どうなるのかな？」という気持ちが実際の体験を通じてより身近に結びつき（心に残る）次への意欲へとつながります。また、子どもが意欲的に取り組むだけでなく、幅広い応用力のある知識へと発展していきます。

地域に出かけ調査・発見

　金岡地区のおまつりも近づき、おまつりの準備が進んでおまつりの太鼓の音などが聞こえてきたので、実際に準備の様子や地域の様子を見に行こうということになりました。地域探検に必要な地図やまつりマップを用意し、子どもたちが見たいこと、知りたいことを絵に描いて意識を高めました。

【子どもたちが見たいこと・知りたいこと】
　　ちょうちん・わんぱく保育園の近くの町めぐり・たいこの大きさとたたく様子・みこしの様子・おまつり
　　で歌う唄・神社の様子・おまつりはいつ始まるの・盆踊りの踊り方・町内の様子・はっぴの種類
＜地域の方との会話より＞
　　子：「べ～ら、べ～ら、べら、しょっしょい！」
　　子：「太鼓、たたかせてもらってもいいですか？」
　　地：「はい、どうぞ！」
　　子：「うわ～、大きいな～～～！」「かっこいいな～」「たたいたら
　　　　おなかにひびくよ～」
　　地：「ここをたたくともっと大きな音がでるよ」「たたくところに
　　　　よって音が違うんやよ」
　　子：「べ～ら、べ～ら、べら、しょっしょい！ってどんなこと？」
　　地：「いいお米ができますように…って神様にお願いしてるんやで」
　　子：「大きな声で歌ったら神様に届くかな・・・べ～ら、べ～ら、
　　　　べら、しょっしょい！」

プロジェクト第4週目

遊んだこと、体験したことを表現する（理解を深める）

　体験したことをごっこ遊びや保育室に取り入れることで、より具体的な行動となり、同じテーマを持った言語のやり取りが増していきます。また、友達との関わりを通して、イメージ・創造・考え方が広がっていく育ちあいの場でもあるのです。体験を通して一連の活動をふりかえることは、「楽しかった。」「おもしろかった。」だけで終らず、考えの整理や表現力を高め、新たな発見や疑問につながったり、次へのテーマ展開へとつながったりします。

園内でおまつりを体験する

　実際におまつりの準備の様子や地域の様子を見に行って体験をしたことで、身近に物事を考えられ、イメージも膨らんだようで「保育園でもおまつりがしたい」ということになり、話し合いがもたれました。

＜話し合いでの会話より＞

　子：「保育園でもおまつりがしたい！」

　保：「どんなふうにしたらできるかな？」

　子：「ぞう組（5歳児）が考えよ」「何を用意する？」

　子：「屋台とかお店屋さん、お客さんもいる」「おみこしも作らなあかんな」「お金もいる」「わんぱく円にしよう」「うさぎ組（3歳児）さんにお客さんになってもらおう！」「きりん組（4歳児）さんに手伝ってもらう？」

　保：「どんなお店がいるかな？」「おみこしはどうやって作る？」

　子：「わなげ」「スーパーボール」「金魚すくい」「あてもの」「ヨーヨーつり」「焼き鳥」「焼きそば・・・」「大きな箱がないかな・・・」「飾りもつけよう」「夏まつりの提灯も使ったらいい」「盆踊りもしよう」「ソーランを踊ったらいい」

　保：「楽しみになってきたね」

（5歳児のソーラン演技）

活動の振り返り

『まつり』をテーマにしたごっこ遊びやお家の方々と花火をしたり、地域の方とのつながりを持つなど様々な体験をした後、印象に残っていることを聞きました。地域のおまつりの様子や太鼓の様子、わんぱくまつりをした時の様子など様々な会話が聞かれました。その中で、初めに身体で表現した"花火"について表現してみようということになりました。花火をイメージして手足に好きな色の絵の具をつけ、画用紙の上にペタペタと手形足形を付けて楽しむ子どもたちでした。黒い布に花火をうちあげるのも子どもたちからの提案で、お部屋の天井に花火を飾ると大喜び。

寝転んで天井を見たり、遠くから眺めたり「ここ、僕の手！」「お花みたいな丸の花火！」と会話を弾ませ、自分たちで作った"花火"を楽しむ姿が見られました。また、おまつりの由来や、大阪のまつり～日本のまつりに興味を持つきっかけとなりました。場所を地図で確かめたり、おじいちゃん、おばあちゃんを思いだして、田舎のお話をする場面も見られました。

＜作品作りでの会話より＞

保：「好きな色の花火を作ってね。」
子：「わぁ～絵の具、気持ちいい！」
　　「この色の花火にするわ。」
　　「○○ちゃんはどの色にする？」
　　「この色の花火見たことあるよ！」
　　「夜の花火やから、黒の紙に貼る？」
保：「何色がいいと思う？」
子：「黒がいいわ。」
子：「そうそう、赤やったら朝みたいやもんな。」
　　「先生、花火はお空やから、上に貼ろうな！」
保：「そうやね、いいアイディアね。ありがとう。」
子：「寝ころんだらよく見えるで！」
　　「きれ～い、ほんとの花火みたい！」

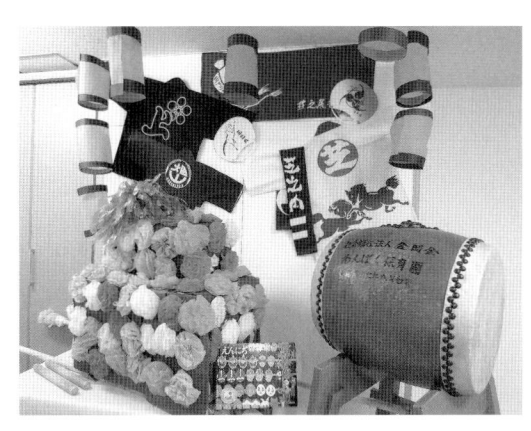

（プロジェクト活動の成果を園内の他の子どもや保護者向けに紹介するコーナー）

運動会でわんぱく太鼓をひろうする

わんぱく保育園平成24年度年間カリキュラム

<table>
<tr><th rowspan="2"></th><th rowspan="2">月</th><th rowspan="2">発達領域
（五領域等）</th><th rowspan="2">テーマ</th><th colspan="3">教育のねらい</th></tr>
<tr><th>年少</th><th>年中</th><th>年長</th></tr>
<tr><td rowspan="12">養護と教育のプログラム</td><td>4</td><td>個性の発達</td><td>入園進級</td><td>ウエルカム</td><td>ウエルカム</td><td>ウエルカム</td></tr>
<tr><td>5</td><td>考えることの発達</td><td>色・形</td><td>見てみよう</td><td>作ってみよう</td><td>やってみよう</td></tr>
<tr><td>6</td><td>言葉の発達</td><td>家庭</td><td>わたしの家族</td><td>わたしの家</td><td>いろんなお部屋</td></tr>
<tr><td>7</td><td>運動の発達</td><td>からだ</td><td>自分の体を知ろう</td><td>体を動かそう</td><td>一緒に動いてみよう</td></tr>
<tr><td>8</td><td>言葉の発達</td><td>まつり</td><td>地域のまつり</td><td>大阪のまつり</td><td>日本のまつり</td></tr>
<tr><td>9</td><td>時間・空間の理解</td><td>ふりかえり</td><td>できるかな</td><td>生活の見直し</td><td>生活の見直し</td></tr>
<tr><td>10</td><td>環境の理解</td><td>秋</td><td>スーパーへ行こう</td><td>お店屋さんへ行こう</td><td>秋を探しに行こう</td></tr>
<tr><td>11</td><td>健康の理解</td><td>生活</td><td>病院ごっこ</td><td>病院ごっこ</td><td>自分の身を守ろう</td></tr>
<tr><td>12</td><td>世界の理解</td><td>世界</td><td>クリスマスを楽しもう</td><td>私たちのクリスマス</td><td>世界旅行に行こう</td></tr>
<tr><td>1</td><td>考えることの発達</td><td>数える大・小</td><td>ねずみくんとぞうさん</td><td>くらべてみよう</td><td>数えてみよう</td></tr>
<tr><td>2</td><td>芸術的発達</td><td>表現</td><td>まねっこをしよう</td><td>イメージを広げよう</td><td>思いを伝えよう</td></tr>
<tr><td>3</td><td>時間・空間の理解</td><td>期待</td><td>もうすぐきりんぐみ</td><td>もうすぐぞうぐみ</td><td>もうすぐ小学生</td></tr>
</table>

保護者と保育者をつなぐポートフォリオ（記録法）

　ポートフォリオ＝記録法は子どもの学びの内容を書き留めたり、写真やビデオに撮ったり、作品を展示して、保育者の子どもへの気持ちや学びの目標を見えるようにするためのものです。保護者と保育者を保育内容でつなぐものでもあります。

　子どもの声をひろったり、それぞれの異なった活動での表現や表情を写真やビデオにおさめたりする為には、子どもたちは小さなグループに分かれて、保育者の支援の元でテーマ遊びを進めることも必要です。

　保護者に掲示板やお便りを通してプロジェクト保育の取り組みをお伝えすることは、必要な教材の提供やご家庭の中でもテーマに沿った話題を持ってもらうなど、保護者自らが園での取り組みにご協力頂けることにつながります。「体験型テーマ保育」の意味を理解され、子どもと共感し、一緒に楽しみながら関わって頂いている保護者の方の姿勢は、子どもたちの大きな力となっていることを日々感じています。（注17）（辻井　正コメント）

第四章

誰でもが、簡単に取り組めるプロジェクト幼児教育

社会福祉法人未知の会
春日保育園園長　野町　麦葉

> 「子どもたちがよりよく生きていくために、プロジェクトは大きな意義があります。しかしながらあくまでプロジェクトは手法です。園の掲げる理念、思想、モラルの上に成り立っている。もしくはそれを叶えるための方法でしかありません。ですからプロジェクト幼児教育を導入する前に、しっかりと保育課程、保育理念を見直してほしいと思うわけです。（野町　麦葉）」とプロジェクトに取り組んでこられた実績が、野町　麦葉園長さんの言葉に見事に表現されています。脱帽します。（辻井　正コメント）

一人前の保育者に育てる多難な時代

　養成校から来た新卒の職員が即戦力として現場で活躍するのは、もう稀な話になってきました。現代ではどちらかというとそういう話は、おとぎ話や神話に近いのではないでしょうか。2, 3年でモノになればいい方で、一人前にクラスを任せて、子どもたちのことをしっかりみていくには、数年かかることを現実として受け止めねばなりません。そしてこの数年かかるという数字もどんどん長くなってきています。

　もちろんこれは養成校だけの問題ではありません。裏を返すと保育者養成校も悩みながら保育者を何とか育ててくれているというのが現実でしょう。学生たちのメンタル面の脆さ、家庭環境の複雑化、わかりにくくなおかつ長時間化する養成プログラム、少子化による保育者志望者数の低下などなど、養成校が抱える問題も多岐多様になってきています。すべてがそうではありませんが、複合的にこれらの要因が重なり合って、今の保育者を養成していく環境は過酷になりつつあります。総じていうと今、理想的な保育者を揃えて、一緒に保育という仕事が成し遂げられるということは、とても貴重なこととなりつつあるわけです。しかしながら保育は保育者なしに成り立ちません。私たちの目の前にある問題は、良き資質を持ち、志を立て、保育手法をしっかり学んだ人格者としての保育者が求められます。そんな保育者を見つけてくる人材登用術をお持ちの方は少ないことでしょう。私としても人材登用についての技は持ち合わせていませんので、御紹介しかねます。

　そうするとできることは一つ。今いる人材を育てること、そして新人をしっかり育むということです。園の掲げる保育目標、子ども像をしっかりと理解してもらいながら、保育を楽しんで進めてもらう、そんなプログラムが必要になるのです。教えるだけではなく、自己学習型のプログラムがあればいいな、と考えていました。

　「最近の若い奴は」というのは、新人育成をあきらめた世代の常套句です。僕の世代ですら新人類と言われた時代の末っ子です。「現代っ子」「ゆとり世代」などなど毎年、新人世代の呼称が登場しますね。でも新しい人たちを視る視点を変えれば、魅力的な新しい人はたくさんいます。やり方を変えれば、今までにない力を発揮してくれたりもします。意外と自分たちの思い描いていた理想的な保育の方が、今の子どもたちや家庭にマッチしない、古臭いステレオタイプだった、なんてことのないようにしなくてはと思うわけです。

　私が東京（バオバオ保育園勤務）から高松に戻ったのは8年前。春日保育園では園としても保育方針も整い、ベテラン勢も安定しており、滞りなく保育が進められていました。でもよくよく見て見ると、古き良き

オールドファッションな保育だったのです。保育者の個の力に頼る、伝統芸能的な保育手法はいい面もたくさんあります。でもそれをたくさんの若手職員が学び取っていけるかというと、そうではないでしょう。保育経験と技を一般化して伝えていくという意味において、このやり方には限界があります。三味線の稽古には楽譜がなく、すべてお師匠さんから口伝で真似て覚えていくそうです。春日保育園の保育もそういうやり方に似ていたわけですが、新しい職員のことを考えると楽譜くらいは用意して、わかりやすく伝えていく手法が必要になったわけです。

そうでなくても新しい職員は、職場の勤務体制、複雑化する子どもたちの家庭環境、子どもたちの発達の多様性など、私たちが就職したころよりも過酷な環境の中で保育を学んでいくわけですから、なんらかの手助けになるプログラムを探していました。伝統芸能保育は悪いわけではなく、それを理解してもらい、伝承を容易にしたいというのが願いです。伝統芸能保育のいい面は残しつつも、伝える手段をシンプルに、そして楽しく学べる方法がないものだろうか。とにかくわかりやすく、若い人でも理解できる保育手法。なんといっても若い人たちが面白いなと思って実践できる保育手法が求められていたところでした。経験のある保育者が、いわば芸として磨いて蓄積した保育だけではなく、若い人が自分で切り開いていくための保育の入り口の鍵がほしかったわけです。若い人たちは鍵を手に入れて、やがては自分の保育としてしっかりと技を持っていくわけです。誤解があってはいけないのでもう少し説明しますが、古い保育を否定するのではなく、若い人たちが保育を理解し、それに近づいてもらうためのルートを開く鍵です。

そしてなおかつある程度、現場の保育者が自分の考え方や工夫を加えられる、可塑性のある保育手法。そのままでもおいしいけど、自分で工夫が加えられる卵料理的なものがないものか。保育者が手を加えやすいということは、園の方針や考え方も、子ども観についても盛り込みやすいということです。軸はしっかりとありブレずに、考え方を共有して、やり方を統一できます。

ユニバーサルデザインという言葉があります。触って直感的にわかる、アップルの製品は説明書をみなくても直感的に操作ができるように考えられています。本来保育はそうあるべきもので、生活の一部として人は自然と行ってきたものです。究極は赤ちゃんが言語を獲得するように、自然に獲得できる保育手法であることが理想です。

そんな折に辻井　正先生からプロジェクト幼児教育を紹介していただいたのが、ちょうど私が高松に帰った頃でした。最初は半信半疑で取り組んでいたのですが、２年目にオランダに見学に行った時に、大きく意識が変わりました。さまざまな人種が入り混じった国、オランダ。子どもたちの学習理解度はもちろんのこと、家庭環境、宗教、文化などすべてが違う環境の中でも保育が普通に進められていました。これは奇跡的なことだと感じたのです。将来の日本が、現在のオランダのように人種が多様になるとは思いません。でもこれからの日本の保育も考え方の違い、家庭環境の違い、文化の違いなど、子どもたちを取り巻くものは確実に多様化することでしょう。そうなった時代に保育者が対応するためにも、プロジェクト幼児教育法を取り入れていく事に意義を感じたのです。

カリキュラムを導入すると保育者の意識が変わった

プロジェクト幼児教育は、今までやってなかったわけではなく、それをまとめることでより分かりやすくカリキュラム化したものです。コンピューターの世界がウィンドウズというOS（オペレーションシステム）を通じて爆発的に開けていったのと同じ原理です。やり方を少し統一して、どの保育者にもわかりやすくする工程を加えてあげるのです。どの園にも今まで大事にしてきた行事があり、ベテランの人たちには慣れ親

しんできた保育手法があります。特に行事にはたくさんの人の思いが詰まっています。そんな行事を削ったり、変更したりするのはとても気の重たい作業になります。今まで築いた伝統的な園文化もプロジェクト幼児教育の中でより子どもの理解力につながる活動へとつなげてあげるのです。

そして新人職員たちは「養成校で習ったことなんて覚えちゃいない！」という人がほとんどです。もちろん養成校では基本的なことは教えているにも関わらず、現実はそうなのです。でもそれは仕方のないことです。机上で分かった、理解できたというのはあくまで学力レベルの記憶です。実際に体験して、興味が湧いて調べて、初めて経験知識として蓄積されるのです。

「プロジェクトを導入して、最初は"私にできるのか"と不安が大きかったのですが、子どもたちの考える力を育てるためには、保育者自身の引き出しも豊富にないといけないので、自分自身もいろいろなことに興味を持ち、調べるようになりました。自分自身が考えさせられることが多くあり、考えることも楽しくなってきました。みんなといろんな意見を交換する中で、様々な気づきもあり、自分が考えたことに子どもたちが反応してくれるので、毎日楽しく保育することができています。」【佐藤　亜未】

うれしいことにプロジェクトを始めて、職員の中に面白さを感じてくれる声が出てきました。積極的に調べてみたり、子どもの発達に興味を持ったりするのはとてもうれしいことです。保育者だから子どもに関心を持つのは当たり前の事ですが、その当たり前の前提すらあやふやな時代に、しっかりと子どもと向き合ってくれていることはとっても素敵なことだと思います。
「気づいたら山に登っていた。」くらいの感覚で、保育を楽しみながら作っていってくれたらという思いから、プロジェクト幼児教育を導入しました。以下にプロジェクトを導入したころから携わっていた職員の感想を紹介します。

プロジェクト幼児教育が職員を変えた

◆今思えばですが、私がやっていた時は、（保育者自身が）手さぐり保育からやってみる保育だったような気がします。

◆養成とか訓練と言われて思い出されるのは、困ったエピソードを出し合い、話をしていく園内研修。その中で、なんとなく4歳児はこんな発達だから、こんなかかわりを持ったらいいかもねとアドバイスをもらって実行する。先輩の保育をみてやってみて自分に合う合わない、子どもに合う合わないと判断していたような感じでした。先輩職員からひつじさん（4歳児）は「こんなことできるでしょう。」の声掛けにあっそうなんや！と気づかされることもある反面、自分の心をかき乱されることもありました。でもそれはそれで、毎日大変だったけど、楽しかった。【宮脇　佳奈】

この頃の保育は良くも悪くも「てづくり」的な保育です。この良さを生かしながらプロジェクトを進めていきます。この「てづくり的な保育」の良さを生かしつつ、保育者にわかりやすく整理されたものがプロジェクト幼児教育法です。

プロジェクトを始めたころのお話。

◆プロジェクトを始めた時は、自分も５年目ということもあり、なんとなく感覚で５歳児とはこんなことはできるかな？というものがあったけど、なんでもやってよかった気がする。なんか面白い事をしてやろうと思ってたから。何が面白いのか、自分が知りえる限りの事や、保育雑誌を見たり、生活の中にテーマのつながりを探したり、それが自分自身にもプロジェクトだったのかも…

何がプロジェクトと呼ばれるものなのか？普段の保育とどのような違いがあるのか？と思ったり、でも考え始めるきかっけとなるテーマが言葉としてはっきりしている事で、何を意識して保育をしていけばいいのかが明確であるから保育ネタを探しやすいし考えやすい。これは大きい。

◆３，４，５歳児が同じテーマで保育を行っていることで、保育者同士がとなりが気になる衝動にかられ、子どもの様子が話したくて、話のなかから子どもの発達段階に気付き意識するようになった。自分のやった保育がしゃべりたくてしょうがなくなりました。子どもの発達を感覚でとらえながら行っていたものが、保育雑誌、発達段階表を見て照らし合わせるようになったのもこの頃です。【宮脇　佳奈】

手さぐりですが楽しんでやっていることがうかがえます。いわゆる保育の勉強の部分も自分から進んで調べていったようです。保育の習熟度は自ずと高まりました。この頃から子どもの発達に関して、盛んに若手保育者が調べるようになってきました。

　ベテランの保育者は経験に基づいた子どもの発達の視点をもっています。これは時にお医者さんでもかなわないくらいの眼力を発揮します。そんなベテランのアドバイスを受けながら、自分たちでもしっかりと子どもの発達について調べていく。わからないことは話しあって解決の糸口を探っていく。研修に出かけて自分たちの保育をしっかりと磨いていく。面白みが加速していった時期でした。

◆３年間通してのプロジェクトだからこそ、１人で保育を考えるのではなく、同じクラスの先生、また各年齢の先生と相談しながら進めていけること、その分アイディアもたくさん出るし、各年齢に合っているかどうか擦り合わせることができることは何より心強い。【丸橋　聡美】

◆なにからどう保育を考えたらよいかわからず、かなり悩んだが５月にカルク先生の研修に行きなんとなく糸口が見つかった気がした。早い段階で研修にいけたことはよかった。

・同じ月のテーマを毎年していくが、前の保育者がした遊びをそのまま真似をしてもいいのかという葛藤があった。かといって自らアイディアがたくさん出るわけでもなく悶々とする。ただ遊びが進むにつれ子どもの姿をみていると、もっとこんなことをしてみたいという考えができてきた。

・本格的にプロジェクトに取り組んだ年に幼児クラスになったので、わからないことはみんなで苦しみながらもどうにか考えていこうという保育者同士の関係はよかった。周りの保育者はわかっているけれど、自分だけわかっていないという状況だと挫折していたかも。【大前　志津】

子どもたちの反応が変わってきました

そして子どもたちのレスポンスも変わっていきます。なによりうれしいのは子どもたちの反応がとってもよくなっていくこと。自分たちの保育への準備が報われる、何にも代えがたい瞬間です。

（保育を語り始めると深夜まで時間が尽きない。）

◆保育者のアイディアできっかけを与えると、子どもたちはどんどん遊び、発見をしていく。それが面白いと感じ、子どもの遊びをどう発展させようかと考え準備するのが面白い。これで幼児クラスが盛り上がり、保育園全体でアイディアを出し合い保育をしていくのが楽しくて仕方なかった。
【宮脇　佳奈】

◆悩みながらも、担任以外の職員から遊びのアイディアをもらったり、楽しみながら話し合いをすることができ、そこに子どもからの反応が見られるとやはり嬉しいし、もっとこんなこと、あんなこともしたい！という気持ちになれた。
【上枝　奈穏】

◆これをしなければならないという決まりがないので、プロジェクトボックス（これまでのテーマ展開の資料）を開けて今までのものを参考にし、今の子どもたちの姿を見て、子どもたちの声を聞いて遊びをアレンジしていけることが楽しい。【丸橋　聡美】

（面白いと感じた時、子どもたちの探究心はさらに広がります。）

◆面白いと感じられるまでには、時間がかかったが、子どもが感じる楽しいと、保育者が感じる楽しいという気持ちが共有できた時は、もっと子どもたちの感じる楽しさや面白さを追求したいという気になりました。【佃美　有紀】

保育者の思いが、子どもたちの思いに呼応して、相乗効果で保育が面白くなっていきますね。子どもたちの反応に応えてまた保育を構築していく。保育の楽しみが螺旋状に積み重なっていく瞬間です。

思い出してみるといろんなことがありました。でもプロジェクトを通じて保育者として育っていった自分を感じ取れた保育者もいます。

◆春日のプロジェクトの歴史を言う時に使われているプレハブ保育室の人型の写真。あれが出るたび今の私は心の中で「これ5歳児がしていたって？？？と恥ずかしくなる。あの時はあの時で子どもたちとあーでもないこーでもないと『からだ』のテーマの事を通して遊びを楽しんでいたのは事実。そこは恥ずかしくなく、今でも、あの時はあれで良かったんだと私の中に勝手な自信がある。子どもが楽しんでいることが、保育がうまく（？）いっている証拠だと思う。

◆「私これしてるんです。」と話せるようになり、「子どもこんなこと知ってたよ！」と話しができた。「子どもがこんな遊びをしていたから、次にこんなことを取り入れてみようと思うんです。」と言えるようになった。色々考えていくなかで、悩み、相談して、先輩の先生からのアドバイスを取り入れようと気持ちの余裕があったのかも（笑）自分の納得いかないことを取り入れてみようとは思わなかったし、アドバイスをへぇ〜、そっかと思ったら自分のやりたいことにちょっと取り入れていた。保育雑誌を見てみたりして、実践と理論を合わせていくことの面白さを感じていった。【宮脇　佳奈】

プロジェクトという「保育の共通言語」を得て、保育者どうしのやり取りの中にも楽しみを感じられるようになりました。

◆ばくさん（野町園長）が、狙うレベルが高すぎると常々言っていたこと。春日の子どもへの願いはあるけれど、保育者だって自分で子どもをつかまなくっちゃ何にも面白くない。【宮脇　佳奈】

プロジェクトを通じて保育者も成長して、子どもが楽しむように大人も保育を楽しんでやってほしいという願いが通じて私自身もとてもうれしかったです。狙うところはあくまで近くの目標、手の届くところで達成できるところ程よいところであることが肝心です。背伸びして大きいことをやろうというのもたまにはいいのですが、子どもたちと一緒の生活を築いていくわけですから、少し今よりも楽しい生活を自分たちに負担のない範囲で楽しんでやることが重要です。

（保育者だって楽しみながらやらなくちゃ！）

中堅保育者から若い保育者に引き継ぐ発想
一方で次世代に向けての若手をどう育てていくか、思いもいろいろ感じているようです。

◆すでにプロジェクトがあった頃に就職した人はどうなんだろう…
　ある保育から続く（進化の）保育のなか、私たちの想いが重い？プレッシャー？の中でどうしていいかわからず、あるものを続けることを苦しみながら切り進んでいる状況ではないだろうか？

◆今あることが、自分に近くないと何をやっていいかわからないんだろうな？
　あるものを自分のアイディアで進化させていけばいいなんて私は、なんと他人任せな話。勝手に自分たちがそうだと立ち上げたプロジェクト。
　なんだろな。もしかしたら、今の子どもに合ったテーマのきっかけがあるんだろうな。
　保育にこれが正解ってのがないんだから！！！とかっこいいことを思ったりもします。

◆何を意識して子どもを見ていけばいいのかと共通の認識・理解のもとで保育をしていくことができ、話し合う議題があるから話しやすい。
　でも、今周りと一緒にというより、自分のクラスでいっぱいな状況がある。
　指定されたレベル？到達度？があるからか、それをしないといけないという強制があるのかもしれない。
　同じことをやればいいというのが逆にしんどいのか？
　何をねらうかをおさえることを意識していこうと話をしているところである。

◆周りが面白がってくれるのは大きい
　公開保育のときのひつじ組（4歳児がそうだった）手形を探して園全体を探検。
　周りの保育者も子どもたちに興味をもって、担任が見ていないところでの反応をはなしてくれることで、自分のやっていることで、みんなが一緒に楽しんでいることへの充実感になった。【宮脇　佳奈】

そんな中堅の悩みもありつつ、若い人たちはそれなりにプロジェクト幼児教育を通じて、保育のやり方を模索して、キーポイントをしっかりつかんでくれたようです。

◆迷いながらも、とにかくやってみることが大切だなぁと感じた。

◆テーマがある？ならば毎月、テーマが変わるごとに遊びが終わるのか。一ヶ月、その月のテーマの遊びしかさせないのか。そんな疑問があったが、テーマは子どもたちの生活や遊びに沿ったものなので、特に違和感なく取り組めたし、一ヶ月が終わったから終わり、というわけではなく、子どもの姿に合わせて継続するのもよし！なんだということを実感した。【上枝　奈穏】

◆各クラス毎月同じテーマで活動しているため、自分のクラスだけではなく他のクラスの活動も意識して見たり、声をかけたりする中で、クラスの様子や個々の姿を知ることができるのは嬉しい。また、同じように他のクラスの先生が自分のクラスの子どもたちのことを気にかけてくれるのが嬉しい。【丸橋　聡美】

◆年度が変わっても毎月同じテーマのもと保育を進めていくので、子どもたちからも「これ、知っとるよ。」等の自信がついた言葉を聞けることが自分も嬉しかった。子どもの中には確実に保育で取り組んだことが少しでも残っているのを感じることができた。【清水　麻実】

毎年の積み重ねが、子どもたちの力としてしっかりと蓄積されていることがわかります。また職員の力としても手に取るようにしっかりと積み重ねられています。

◆プロジェクトをとり入れる前の保育は、一年の保育の計画はあったものの、はっきりとした明確さがない感覚的な保育だったように思います。だから、感覚的に教わったことを感覚的に受け止めて、こんなやりとりかなと模索しながら行う保育だったかなと思います。
　しかしプロジェクトは、はっきりとした遊びのテーマがあり、実際に保育をする中でも、伝える側の立場でも、感覚的ではなく、子どもの育ちなどを明確に受け止め、伝えやすい保育方法の一つであると実感しています。それは子どもに対しても、保育者に対しても効果的です。
　プロジェクトでも模索はあるが、模索の質が違うと思う。その違いは、感覚的な模索はその人独自の感覚でしかなく、次の世代には、伝わりづらく、頭からぬけていくものであり、プロジェクトの摸索は、明確なものがあって、そのことについて、チームで考えたり発見したりする面白さがあり、模索から探求へと変化していくので、自分たちで考えたという自信になり、頭にのこる模索のように思います。独自の感覚だけではなく、基本の保育のテーマがあってのいろんな人の考えがあるので、保育方法の考えや広がりができやすく、独自の子どものとらえ方のブレが少なく感じます。同じ模索をするのであれば、質のある模索をすると、ただただ戸惑いの不安の模索ではなく、考え、面白さを見出せる自身の模索になると思いました。【大野　美紀】

とても感覚的な文章ですが、敢えて原文のまま紹介したいと思います。彼女の言葉が、現場で感じたプロジェクト幼児教育を端的に語っています。そして本質をついていると言えるでしょう。
　保育は日常であり、人との関わりの中では感覚的なものです。しかしながら組織として保育をしていくと、「どういう子どもを育てたいか。」という話になります。保育者それぞれのセンスを生かしながら、方向性を整える。そこには職員で"考え方を共有する"という作業が必要になります。

保育理念を持つという当たり前な考え方

　保育所保育指針が改定されて、小学校との連携が叫ばれるようになりました。よくよく考えてみると当たり前の話なのですが、当たり前の話が当たり前に行われていないことがよくあるのが保育業界。あわてて保育課程を見直す園も多かったと思います。
　園として理想の子ども像は描けていても、それを小学校教育につなぐ子ども像に変化させるには、少し工夫が必要だったかと思います。もしくは将来どういう人間になってほしいか、社会の一員としてどう育ってほしいか、そのために小学校教育につないでいく、という視点で保育を見直してこられたと思います。
大切なことは保育、教育で何を目指すかです。乳幼児期をなんとなく過ごして、なんとなく無難に発達して、小学校に送ればそれで終わりではなくその人が一生をどう生きていくか、よりよく生きていくために乳幼児期に必要なことを考えて保育を進めていく。今までにない大きな視点で保育者には自信を持ってほしいので

す。
　プロジェクト幼児教育では、決して勉強ができる子どもを育てようという訳ではありません。この表現はなかなか理解するまでに時間がかかります。総じていうと中庸であること、平均以上の学ぶ力、理解する力を身につけることを目指します。出発点は決して天才を育てようとか、飛びぬけて特定の能力に特化した人間を育てようというプログラムではありません。
　　また知識獲得型、詰め込み教育型のように子どもたちに何かを覚えさせたりするものでもありません。まず子どもたちが持っている調べる力である探究心と、面白さを見つける力である好奇心をしっかりと発揮させることにあります。
　　子どもたちは訓練すれば身体能力も、記憶能力も大人の想像を超えるほど発揮します。サーカスや雑技団がいい例で、小さいころから鍛錬していけば、人前で披露できるかどうかは別として、ほとんどの子どもが驚くほどの身体能力を発揮することでしょう。でも親御さんに「お宅のお子さんをサーカスに入団させたいですか？」と聞いたなら、ほとんどの方は NO というはずです。
バランスの良い食事が体にいいように、偏った考え方の教育法も良くないことは皆さん気づいているはずです。人はどこかでバランスの良い育ちを願っているにもかかわらず、もう一方で人よりも並外れて優れている能力をみると、どうしてもそれを我が子にやらせてみたくなるものなのです。そしてそういう特別な力を見せる団体は、見事に親の心理を突いてアピールすることが、総じて上手いのです。
逆に言うと普通のことをやって、中庸に育てることはあまり目立つことではなく、見栄えもしません。そしてアピールするのも苦手です。でもほとんどの親御さんが最終的にはバランスの良い育ちが良いことに気づき、子ども自身が学ぶことの大切さを知ることになります。この国の大多数の賢明な親御さんは、そうであってほしいものです。
　　プロジェクト幼児教育は中庸であること、そこまでの基本的な学ぶ力を子どもたちに獲得してもらいます。それから先は、子どもたちがどういう出会いをして、どういう経験をしていくかによって人生は大きく変わっていく事でしょう。ここで大切になるのが人と関わる力です。
　　どんなに学ぶ力がついても、人と関わる力が育っていないと宝の持ち腐れです。社会に出れば、自分自身単独で行う職業は少ないはず。単身起業したって、人と関わらない職業なんて、かなり限られています。炭焼き職人だって、炭を売るときには人と関わるはずですから。
プロジェクト幼児教育テーマでは、直接的に人間関係を築くテーマはありません。しかしながらすべての保育活動は根底に、人と関わる力を育てることを見据えて組まれているはずです。集団の中で、時にはケンカしながら、言い合いをしながら人と関わる力、人を思う力を培っていくはずです。
　　ここに面白いネット記事があります。私たちが大切にしてきたことがデータとして表れています。自然体験をたくさんすることや、集団生活で育つ良さは「いいことだよね。」と思っても、どういいのか説明するのは難しかったと思います。この記事は見事にその因果関係をあらわしています。もちろん年収や学歴が良ければ幸せかというとそうではありませんが。

子ども時代の自然体験、年収・学歴にまで影響？

　　子どものころに豊かな自然や動植物に親しむ体験を積むことが大切だということは、誰にも異論がないでしょう。しかし、自然体験などが子どもの将来にどんな影響を及ぼすのかということは、意外にわかっていません。独立行政法人国立青少年教育振興機構の調査によると、子どものころに自然体験などさまざまな体

験を積んだ者ほど、学歴や年収が高いということが明らかになりました。調査は2009（平成21）年11月、インターネットによるアンケート方式で実施し、20代から60代の成人5,000人から回答を得ました。回答を統計的に処理して分析した結果、現在の「意欲・関心」が高いと見られる人たちのうち、子どものころに海や川で遊んだ経験が何度もある者は33.6％、逆に経験がほとんどない者は22.0％で、明らかに差がありました。ほかの調査項目でも同様の傾向が見られ、同機構は、子どものころに自然に触れた、友達と体を使って遊んだ、地域の大人たちと接したなどの経験が多い者ほど、大人になってからの「意欲・関心」「規範意識」「職業意識」が高いと結論付けています。

それだけではありません。最終学歴が「大学・大学院」の割合は、子どものころの体験が多い者が50.4％、少ない者が45.4％。さらに、「年収500万円以上」の割合は、体験が多い者が33.8％、少ない者が23.1％でした。このほか、自然体験などが多かった者ほど、読書量が多く、逆にゲームをする時間が短いという結果も出ています。

ただ、これはインターネット調査なので、回答者がパソコン利用者に限られるなどの点に留意する必要があります。同機構でも、「全ての成人を代表する回答とは異なる可能性がある」と指摘しています。（ネット記事より 2010.6.21 10:00）

さまざまな語弊を恐れずに書くと「職に就くことはよりよく生きることの近接」と考えます。つまりよりよく生きていくことは、就職することではないものの、それに近いことである。職につかなくても人生を豊かに生きることはもちろんできますし、それを否定する気もありません。しかしながら大多数の人の人生において、よりよく生きるということは職を得て、家庭を得て、社会の中で生きていくということであろうことは皆さん理解できるはずです。

もちろんこれはより良い就職先に就職して、年収を上げてという意味ではありません。中庸であることを考えると、職種は関係なく就職していることが目的です。それよりもその職業を楽しんでいるか、生きがいとして働けているかということの方が大切だと考えます。

よりよく生きるとは？

　子どもたちが「よりよく生きていくために」プロジェクトは大きな意義があります。しかしながらあくまでプロジェクトは手法です。園の掲げる理念、思想、モラルの上に成り立っている。もしくはそれを叶えるための方法でしかありません。ですからプロジェクト型カリキュラムを導入する前に、しっかりと保育課程、保育理念を見直してほしいと思うわけです。とりあえずあるお題目ではなく、しっかりと職員と共に考えてそれぞれの園の思いが詰まったものにしてほしいと思います。そのうえでプロジェクトを導入していけば、しっかりと根付いていくはずです。

こんな理念理想哲学的なことを書くと、若い人たちからは見向きもされず敬遠されることでしょう。でもこれこそが施設を預かる長と言われる人たちがやる仕事です。そしてなるたけシンプルな目標を掲げて、それをしっかりと若い人たちにも浸透させていく事が大事なことなのです。

そうするとプロジェクト幼児教育が、現状の園それぞれの園文化を考慮して、それを含み込める保育手法として生きてきます。しっかりとした枠組みの中でプロジェクト型カリキュラムをやることにより、その園独自の保育手法となっていきます。プロジェクトは保育者が楽しいと思えるプログラムです。楽しいと思えれ

ば仕事がやりがいとなります。子どもたちが自然と学んでいくのと一緒で、楽しければ自分で調べて、自分で作っていきます。能動的な動きができる保育者が誕生するわけです。そのためには面白みとワンセットにしてあげることが重要です。最初の頃は褒めたり、一緒に騒いだりで面白がるだけでも次への励みになることでしょう。しばらくすれば子どもたちの反応や、子どもたちの育ちに自信を持つようになり、やがてそれがやりがいに代わっていきます。

楽をするわけではないですが、負担が減る方法を考えてあげることも重要です。基本的に保育をしっかりやろうと思うと時間はいくらあっても足りません。少しでも時間短縮できる方法があるなら、導入していく事も必要ですね。

　同じテーマのプロジェクトならそれを箱に保存して、次年度はその箱を開ければそのまま使えるようにすることも一つの工夫です。

　その時に同じものだと同じことをやってまったくオリジナリティがないんじゃないのかと心配になります。でも保育者自身の個性はどこかに発揮されるもので、同じようにやってもそれぞれに違った味のあるものになるのです。知らず知らずにその人独自のものも加えていたりする姿もよく見られます。

　プロジェクトは若い人たちが楽しみながら保育に関われる。導入としてしっかりと保育の面白みを感じながらはじめられます。そしてやがては複雑になり、高度な保育テーマまで発展できる可能性も秘めています。保育者も育ちながら、子どもたちも育っていく。これからの新しい時代の園づくりに、プロジェクト幼児教育は一役買ってくれることでしょう。

第五章

行事のありかたとプロジェクト

学校法人島田学園　　中関幼稚園
主任　萬谷　恵

１．それまでの葛藤

　初めてプロジェクトを導入した時はそれまでの保育形態に完全に決別して取り組むというものではなく、まずは、「サークルタイムから実現化していきましょう。」というものでした。サークルタイム用に椅子の移動をすることはとても面倒なのではと思い込んでいました。しかし、遊びの場を用意するのですから子どもたちにとっては恰好の遊びであり、年長５歳児ともなると自ら椅子を移動し遊びの場を自分たちで確保していきました。

椅子をサークル状にして行う朝のサークルタイムの時間は、従来の１人（保育者）対数人より保育者と子ども達が双方で一体感を感じられ、個々の子どもの顔・表情から心情を読み取ることも、よりできるようになりました。また、少し不安定な時や落ち着かない子は、その子の隣に座るよう配慮し手をそっと握ったり、身体を寄せたりして全体的な落ち着きにつなげることができました。また、プロジェクトのテーマについて話が出来る、子どもたちも気持ちや意見を言いやすい、発言者の声を聴きやすいといった面もあり、「聴く・見る・話す」といったことが小さな年齢のクラスからでも自然とできるようになってきました。そして、子どもたち個々の理解度や発達を把握しやすくなったことで、取り組む前の抵抗感はすぐに払拭されていきました。（写真１）

写真１（毎朝行うサークルタイム）

　「なんだか子どもの姿がよりよく見え始めてきました。」という保育者たちの声に手ごたえを得て、次に取り組んだのが月々のテーマを決めることでした。オランダがその歴史や風土にあったテーマを展開していることにヒントを得て、日本の風土にあったものを本園でもつくろうと思いました。例えばオランダの進級・入園は９月でテーマは『受け入れ』ですが、日本では勿論４月です。当然、進級式や入園式といった行事には、子どもたちや保護者の方に『受け入れ』というプロジェクトのテーマが必然となります。以前の進級・入園式といった行事はただ壁に可愛らしい画用紙の装飾品を貼るだけでした。保育室のデザインは温かみがあってより家庭に近い雰囲気に、そして集中力がもてるように、興味が具体的に持てるように、振りかえりができるようにと段階的にデザインしました。

　以前は式の後、お部屋に移動すると名前とシールを貼った下駄箱を探すのにも苦労し、ロッカーはどこか、

椅子はどこか名前を探すのにまた一苦労しなければならず、保護者の方から「先生、この子の場所はどこですか？」と聞かれ、廊下や教室には子どもの泣き声と説明する保育者の大きな声がひびきわたっていました。しかし保育者全員が保育のテーマを『受け入れ』と意識をもち、より子ども一人一人にわかり易い、見てわかる環境を準備することで子どもが負担を感じることが少なく、自分で出来ることを増やすことができました。安定につながる準備・受け入れが出来たのです。また、設定した発達領域「個性の発達」においても受け入れがスムーズに出来ることにより子どもを知ること、発達を個々に援助することはより早い段階でできるようになりました。何より、子どもの安心感が安定に、保護者の方の安心感が信頼に、早い段階でできるようになったのです。

　プロジェクトでは、このように「行事」においても発達領域を意識したものに自ずと変わってきました。もともと風土や気候にあわせて保育を行ってきた日本の保育は、それに教育要領を当てはめて来た感がぬぐえません。勿論私の園では教育要領の解析もしながら、保育の中に具体的な目標を掲げて保育を実践しています。子どもが保育者に愛されているという実感の基に、幼児期にふさわしい様々な体験を通して情操豊かにのびのびと遊び、そんな中で一人ひとりが大切にされ、生きている喜びを感じる生活を、1番に願って保育をしていることは、若い世代にも受け継ぎながら取り組んでいます。ただ、私たちはあまりにも幼児の「遊び」の意味を知らなすぎでした。

　さて、プロジェクトで子どもも保育者も、変わってきたぞというところで、さらに取りくみを進めなければならなかったのが「行事」でした。しかし「行事は一体どうするんだろう、負担にしかならない？…」ネガティブな考えしか浮かばず、行事全面廃止論すら保育者の中から挙がっていました。サークルタイムは行事と比べればわりとすんなり定着していきましたが、行事に追われる保育の中でテーマ保育をするなんて…と半ば途方にくれてしまい「行事を取るか、プロジェクト保育を取るかどちらかに！」という論争にまで発展しました。ピサショックの報道を受け、ゆとり教育の崩壊の声が聞こえ始めており、私たちの園でも保育の建て直しをすることが不可欠だと保育者はみんな思っていましたので必死だったのです。

　「行事は外せません。ただ、取り組みの方法は変えられませんか？」園長の言葉でした。保護者の方の心情を考慮したものでした。方向性が決まれば、どう取り組んでいくか考えるだけです。季節に趣をおいた行事と子どもたちの発達の成果が見て取れる行事があります。日本の行事はよく考えられていることに改めて気づくのでした。そして、行事を分析していくと、季節らしいとか年長らしい、年少らしいとかといったことに重点をおいて、保育者が行事に取り組んでいるケースが本園では多いことに気づくのです。取り組みの方法は変えられないか、行事の真の意味を考えることで、打開策のヒントがそこにあったのです。そこからは、プロジェクトブック（ピラミッド・メソッド保育カリキュラム全集）やその他の書籍、保育者の取りくみの振り返り、…意見を保育者全員で出し合い、プロジェクトの八つの発達領域・テーマを行事に沿った形で当てはめていったのです。

　例えば、七夕です。子どもたちが七夕の飾り作りをします。ここでは、「考えることの発達」を発達領域にしました。保育者からテーマは『色・形』はどうでしょう。という意見が出、十分に七夕の話や星に関した夢やファンタジーを楽しむ中、保育者の用意した保育材料で七夕を題材にしっかりと楽しめるようになりました。（写真2）

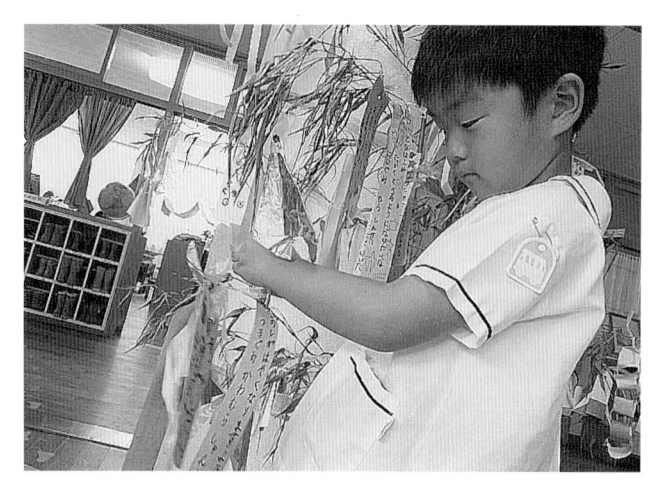

写真2

子どもたちは楽しかったことは言葉や形や遊びで表現していく天才です。七夕飾り作りで遊び、学んだ『色・形』を砂場遊びで型ぬきしては「今日は三角のケーキですよ。」と話し、「けんけんぱをかくよ、丸々、四角…」「赤いコップ取って。」など語彙や会話が豊富になり、発展的に遊びが広がったのです。以前と違う面は、言葉の豊かさや考えることの発達は、遊びを通して子どもたちが自ら得とくしていったことです。

次に、運動会を挙げてみます。会議では、「運動会は10月なので、特に9月には体を動かすことが増えるでしょう、気候もいいですから…9月に発達領域の「空間の理解」をおきテーマを『空間』とし体を使った空間理解を展開してみてはどうでしょう。子ども絵画作品展にもおおいに役立つのでは…」など、いろいろな意見が出されていきました。保育者は運動会にむけた保育の取り組みを劇的に変えていったのです。子どもたちが自分の身体の部位を知り、身体を動かすことへの興味をテーマと遊びの中に取り入れることにより、運動会に向けた保育の取り組みが変わっていったのです。なお、私の園の運動会は「秋の一日を親子で楽しむ」という意味での運動会に変えていましたので、いわゆる運動会にむけた特別な時間をとられることがなく、行事においても充分にプロジェクト保育を楽しむ時間がとれたのです。（写真3・4・5）

写真3（姿見を玄関に置く）　　　写真4（体のパズルを作る）　　　写真5（体のサイコロ遊び）

さて、最終的に一番頭を悩ませたのがお遊戯会でした。私の園では日本や世界の昔話や、童話、絵本から題材を得て取り組む形が一般的でした。年長5歳児では台詞や構成を多少保育者と話したりはしていましたが、上手く子どもたちが台詞を覚え、演目にあった衣装を着てくれ、楽しそうに演じてくれ、保護者がそれを非常に喜ぶ、それがお遊戯会でした。勿論個々の子どもたちにはどのように発達してほしいか、何を感じてほしいかは考えていましたが、「見せるお遊戯会」であったと思います。なので、プロジェクトを取り入れたお遊戯会は、衣装がきらびやかでない、子どもたちが作ったストーリーがよくわからない…など保護者の方からご意見がでました。子どもの遊びや生活の中での育ちを考えていくプロジェクト型のお遊戯会を取り入れることは、保護者の方にとっては大変不評だったのです。ただ、子どもが自分たちでストーリーを考え振り付けや台詞を工夫し、子ども同士で配役を決め、つくりあげていくお遊戯会は、子どもたちにとっては本当の意味での自分たちの行事であり、プロセスを十分楽しんでいました。だから、私たちはこの方向性に自信をもち保護者の方に理解していただくよういろいろな工夫をしていったのです。具体的には後でご紹介します。

私の園では2月の初めにお遊戯会を開催します。それ故に1月のテーマを『衣服』に設定し発達領域を「表現（個性）の発達」にしました。要素的には「考えることの発達」「言語能力の発達」も当てはまるでしょう。これから、様々な角度から特にこのお遊戯会を例に挙げながらプロジェクト保育と行事の取り組みについて述べていきます。

2．テーマと発達領域の関連を考える

　プロジェクト保育では8つの知能発達領域を意識して保育を展開していきます。月々のテーマは発達段階や季節、行事によって予測される子どもの活動から導きます。テーマが決まると8つの発達領域が当てはまり、年間を通して、また園児が在籍する約2～3年間の継続的な活動の中で、スパイラル的な発達が見込まれるように配慮しながらカリキュラムを作ります。テーマに沿った保育の展開の中では提示した発達領域を特に意識し、個人評価の柱とします。ただ、各コーナーにもこの8つの発達領域は意識して用意しており、子どもたちが遊んでいるコーナーをみまわりながら援助すること、そして各コーナーにおける発達領域がどこにあるのかを、保育者はきちんと理解しておかなければならないと思うのです。月々の保育のテーマ、各遊びでの隠れたテーマ…子どもに見る発達領域が曖昧となりがちなテーマは、保育者にも子どもたちにも単にこなしている、やらされている保育となりがちのような気がします。テーマと発達領域を相互的に見ていって調整しながら決定していくことはとても重要です。ただ、私の園でも教育要領は意識していてもこの8つの発達領域について深く考えられず、年間でみる発達領域が偏り、テーマ保育を展開するのに目的がはっきりとしないままの保育者もいました。テーマだけが先行しても発達領域に当てはめるだけのものでも上手くいかなかったのです。子どもたちが遊びの中で学ぼうとする時、保育者がこの8つの知能発達領域を明確にもって保育にあたることは大変重要なことでした。ここでなぜコーナー保育の話を出したかと申しますと、この保育が日々の子どものつながる育ちに意識されるべきだと考えているからです。

　さて、お遊戯会にむけて『衣服』というテーマに取り組むとき、発達領域は「表現（個性）の発達」に設定しました。あえて「表現」とつけたのはお遊戯会という行事に保育者がより具体的に個性の発達を子どもたちにみるためです。これから年中4歳児の取りくみをあげていきます。

年中のお遊戯会への取りくみ ― まずはファッションショー ―

　学年の遊びのテーマは「わたしに注目！」です。入園して10ヶ月が経とうという時期、子どもたちはテーマ保育を通して主体性をもって遊び、生活してきています。勿論、子どもたちの語彙も豊富になってきている時期です。そんな中で迎えるお遊戯会は、この時期に設定された行事として理にかなっていると思います。保育者は、はっきりと目指す道標として発達領域は統一し「表現（個性）の発達」としますが、子どもたちの個々の発達にあわせ養護的な働きかけや教育的内容を柔軟に対応していきます。そんな中で、ファッションショーという一連の活動の中で、「考える力の発達」や「創造的な能力の発達」「言語能力の発達」お友達との人間関係の中に、「社会性の発達」などの到達度も個々に見ていく能力が保育者に問われます。

3．テーマ展開について　―テーマ展開のための保育材料や道具、情報源を考える―

テーマ展開については、「なんだろう？」と衣服にファッションショーの興味をひきつけるように、玄関に世界地図を貼り各国の衣装を展示して姿見鏡を置き、子どもたちは自由に合わせてみることが出来るようにします。時には職業別の様々な服にしたり、物語に出てくる登場人物の衣装にしたりと工夫します。（写真6・7・8）

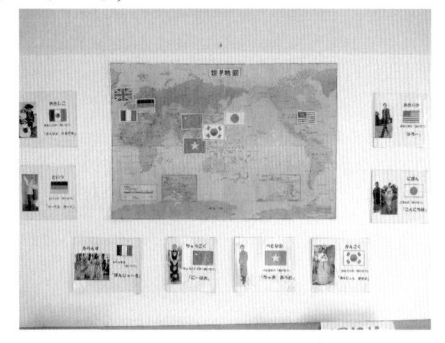

写真6（世界の衣装） 　　写真7（職業別衣装） 　　写真8（衣装を着けて写真を撮る）

「みてみよう・どうしてそうなるの・もっとしりたいな」という子どもの興味を広げていきます。
　具体的な活動を何にするかをあらかじめ保育者が目論みとしてテーマに沿った材料や道具を用意します。そして、ファッションショーお遊戯会と衣服を通してその興味や活動を盛り上げていきます。
コーナー遊びでは「衣服カード」（写真9）で遊んだり用意された部屋のドレスアップコーナーで遊んだりします。様々な人の衣服、民族衣装をきてみたり、図鑑を開いたり、時にはインターネットでファッションショーを検索したりもします。ファッションショーの前にデザインを考えてみる活動の時（写真10）には好きな絵本の登場人物の衣服を参考に持ってくる子、ファッション雑誌の切り抜きを持ってくる子、テレビで見た主人公をイメージした子、保育者が参考に提示したものの中から、子どもたちは其々に夢やイメージを膨らませて活動に取り組もうとします。（写真11）

（写真9） 　　　　　　　（写真10） 　　　　　　　（写真11）

■他の学年の取りくみ

　年長5歳児の場合は、子どもたちと保育者がサークルタイムに会話することによってあらかじめ決めているテーマについて内容を膨らませていき、子どもたちが主体的に保育を展開していきます。未満2歳児、年少3歳児なども衣服で遊んで興味を広げていきますが、お遊戯会にむけて言語能力の発達も同時に意識し、人形劇を上演したりもします。保育者が表現活動を楽しんでしている姿をみることも子どもたちには大いに影響をあたえます。

　上演の後、保育者はどんな衣装を着ていたかなと子ども達と語り合い、コーナー遊びでの主体的な遊びへとつなげます。（写真13・14・15）

写真12（絵本の内容を人形劇で再現）　　写真13（題材にした絵本）　　写真14（ごっこ遊び）

4．テーマ展開に最適なグループの規模や期間

　テーマによって異なりますが本来ならプロジェクトに取り組むようになって、その人数にも意識するようになりました。具体的には年中のテーマの取り組みを例にあげます。

①サークルタイム	全員で	毎日
＊年中15分程度（年少13分程度　　年長18分程度）		
②コーナー保育	一人・数人	1ヶ月間
＊子どもたちの遊びの中ではその後もずっと続くこともあります。		
③ファッションショー準備	一人で・保護者と	一週間で
④ファッションショー	年中4歳児クラス全員で	一日で
⑤お遊戯会まで	全員で	2ヶ月で

という経過となります。子どもの取り組みへの意欲などによって保育者の計画より時間を切り上げたり、長くしたりと、調整する働きかけが必要です。

5．展開に適した場所を考える

　1月のテーマ『衣服』の活動の次へのつながりはお遊戯会です。前述した一連の活動は玄関のスペースを利用します。（玄関ディスプレイ：1月では各国の衣装など）テーマにあわせた環境構成は美的な面にも配慮し美しさも持ち合わせた環境の構成を行っています。次にサークルタイムでは会話をふくらませ、どんな衣装が好みか材料を持ち合わせて部屋で話します。またファッションショー当日は、保護者の方の協力も得てお部屋で衣装作り、保護者も他のクラスのお友達もいるので広いホールで行います。

　また、テーマが『水』の時は園の外へ出て水路を追って歩いたり、水道局へ出かけたり、地域の海へ出かけたりします。テーマにあわせて最適な場所を保育者が選択していきます。展開に適した場所は安全に留意し、時には地域の方の協力も得たりして部屋から大きく外へ活動の場が広がります。（写真15・16）

写真15（ファッションショー）　　　写真16（ファッションショー）

6．体験したことを振り返る、話し合う

　ファッションショーが終わると、次の日のサークルタイムで自分がどうだったか、お友達はどうだったか話します。保育者も感想を話し、「こうだったね、ああだったね。」と子どもたちが自然と話し始めます。「●●ちゃんのリボン歩くとゆらゆらしてかわいかったね。」「ポーズがかっこよかったね。」「お母さんとリストバンドを作って嬉しかった。」など創作活動にまつわる話や、見て思ったこと、おうちで話したことなど子どもたちは生き生きと心情を語ってくれます。このお遊戯会にむけて取り組む『衣服』の活動では個々が自己表現を楽しみました。そして、こうして言語化することでお遊戯会の台詞や衣装を着ての表現が、より豊かな活動の延長上に行事が行われるといったものとなり、お遊戯会が単なる物語の表現活動に終わらない生活の行事となったのです。

7．ビジュアルに伝える

　こうした活動の経過は写真に撮り、ドキュメンタリー的に保護者の方に伝えます。言葉は最小限に写真で活動の様子を伝えていきます。子どもが自分で写真について語ってくれるという保護者の方からの嬉しいお便りもいただくようになりました。保護者の方からのプロジェクト保育の導入はこういった形からもご理解を得ていったのです。（写真17・18・19）

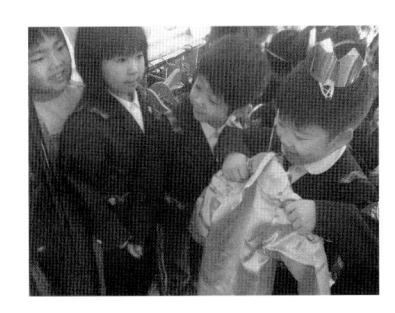

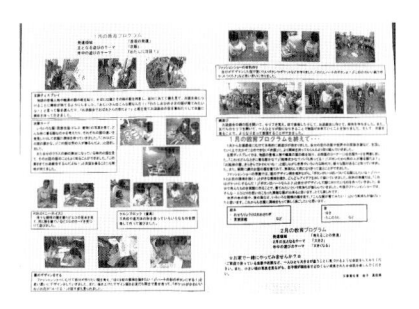

写真17・18・19（プロジェクトの内容を保護者に伝える）

■「伝える」その他の活動紹介・行事・子ども絵画作品展

活動によっては、その活動の記録を保護者の方、地域の方、どなたでも見ていただけることもあります。テーマ『空間』について発達領域「空間の理解」で一つの例を挙げてみます。年長5歳児の活動ですが子どもたちの活動の最後に自分たちが地域探検で歩いた、園周辺、地域を大判用紙16枚程度の大きな地図にします。コーナー遊びでは知育玩具（写真20）を使って友達同士、時には保育者と空間遊びをし、「どっちが遠い？近い？」「向こうにあるよ。」などと語り合いながら遊んだりもしました。十分に遊んだ子どもたちは大きな紙を前に目論み線を基におおいに考え、話し合いながら地図を完成させていきます。そして子ども絵画作品展（行事）のときに生き生きと探検する子ども達のスナップ写真と共に地図を展示します。保護者の方々、探検で安全を見守ってくださった地域の方々に見ていただきます。（写真20・21・22）

写真20（知育玩具）　　写真21（地図作り）　　写真22（完成された周辺図）

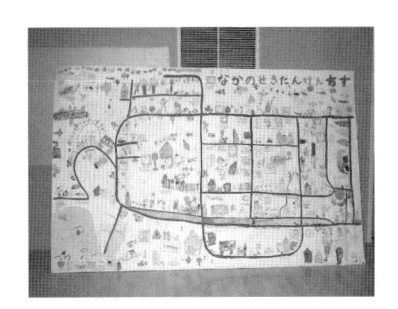

　またこの「空間の理解」の活動の中では身近な自分の身体を様々な保育材料をつかって遊び、空間の理解として学んでいきます。それも未満2歳児クラスからスパイラル的に繰り返し学ぶ機会をもちます。各年齢の発達に見合った子どもたちの絵画表現がされる中、子どもの絵画描写の中にのびのびと手や足、身体を表現する動きが見えてきました。このようなことからも、このプロジェクト教育が奇をてらった保育ではなく、発達を踏まえた従来の保育、教育要領を十分に網羅できる保育であることを知っていったのです。

8．いよいよお遊戯会発表へ　ー行事とプロジェクト保育についてー

　保育者のお遊戯会の計画は、勿論その年のクラスの雰囲気や嗜好などからどのような題材を選ぼうか、どう子どもたちから意見を聞こうか、5月、6月の時点で考え始めます。子どもの個々の発達を早く見極めて安心して園生活をすごし、遊べるよう工夫していきます。保育者との信頼関係を醸成させた子どもは生き生きと生活し、活動をはじめます。お遊戯会という行事は、子どもにとっては成長発達の通過点に過ぎません。発表だけを目標にすべきでないと、私たち全ての保育者が考えられるようにもなりました。当たり前のことですのに私たち保育者自身が大切なことを忘れがちだったように思うのです。お遊戯会の発表も、先の「伝える」方法のひとつかもしれません。

　年中4歳児では発達領域を踏まえ発表の前月、お遊戯会に向けて十分な遊びの取りくみをします。そして想いをめぐらせて作った自分の服を着るという創造的な活動の後、「わたしを見て！」と、ファッションショーという場で自己表現をし、いろいろな面でその個性を表現してくれるのです。人前で堂々と歩く子もいれば、少しはにかむ子もいます。しかし、入園後不安定だった子も含め全ての子どもが参加し、嬉しそうに仮設のショー用のステージを歩くのです。おうちの人と一緒に作った喜び、自分で考えたことが形になる達成感が充実感へとつながる瞬間です。

写真23・24・25（お遊戯会の光景）

　以前はお遊戯会ともなると毎日毎日劇の練習をしていました。劇の衣装のこと、どこの国の物語なのかどんな言葉が物語にあっているかなど、子どもたちとの語り合いは十分だったとはいえません。そして、どの子もそれまでに十分に発達しているかどうか、積み重ねを丁寧に見てきたかどうか、確信をもって振り返ることが出来ていなかったように思います。7月の時点で、言語能力の発達を見たとき、クラスに、個々にどのような働きかけが必要か、9月、10月の認知能力、情緒能力、身体能力はどう発達し、どう手助けが必要なのか、振り返りのスパンの設定は毎月、2ヵ月毎、学期毎、いろいろあっていいと思うのです。大切なのは保育者が話し合い、必ず重要な視点で振り返り、個々の習慣や規則、遊び、発達領域の到達度が十分かどうかを考え、環境のデザインから援助の仕方などを変化させて保育していくことを心がけています。保育者自身が振り返りながら、他の保育者とも連携して自分のしている保育を十分に意識し、子ども達の生活、遊びの中から、どのように子どもが発達したか、活動の到達度なども知りながら進めてきた保育の流れの中で迎えるお遊戯会は、その時点での子どもの成長を「伝える」場となり、それまでの毎月伝えてきた活動の様子から保護者の方もそうしてお遊戯会で子ども達の姿を捉え、感動してくださるようになりました。（写真23・24・25）

■年長5歳児のお遊戯会の取りくみ

　プロジェクト教育による年長5歳児のお遊戯会（子どもによる創作劇）は、子どもによる子どものための演目であることが十分に理解され、今では中関幼稚園のお遊戯会の特色となっています。子どもは当日までどうやって表現するか考えているようです。保育者も保護者もその変化を予測できないことも楽しみの一

つです。本番中でも化学変化がおきる場合もあるお遊戯会なのです。だからそこに感動がうまれると思うのです。

　子どもたちが遊びの中で、主体的に学ぶ姿にこそ子どもの本来の遊びの姿があり、成長があり、それが成果となります。一年が終わり、日本の四季折々に受け継がれてきた文化の中で行事が繰り返され、基本的な生活や、保育がスパイラル的な子どもの育ちにつながります。愛情に満ちた幼稚園でその各行事を経験しながら情緒豊かに育っていく姿は、私たち保育者の大きな喜びであることは間違いなく、確実に子ども達を喜びと自己肯定感へと導いてくれるものと信じています。

－写真で追う年長5歳児のお遊戯会までのプロセス－

（サークルタイムでみんなで考える）

（登場人物の衣装をイメージする）

（衣装を探す）

（背景を考え創作する）

（演じる）

（創作のストーリーが伝わるようにお遊戯会当日、あらすじを書いた紙を配布します。）

第六章

ポートフォリオ（記録法）評価の実行方法
テストからポートフォリオ評価へ

NPO法人国際臨床保育研究所　所長
ピラミッド・メソッド教授資格者　社会学博士　辻井　正

　プロジェクトの実施で重要な役割を担うのが評価の方法です。子どもが創り出した作品、子どもとの会話、写真、ビデオ等を視覚化することで、子どもの達成度を客観的に評価する方法に、ポートフォリオ評価法が使われます。また、保育は見えにくいと言われますが、ポートフォリオによりビジュアル化することで、保育者自身が自分の行っていることを評価でき、保護者に対しても保育の内容をアピールできます。しかし、日本の幼児教育ではなじみの薄い評価法ですし、保育活動としては、作品制作は活発に行われていますし、創作や絵画制作には長い歴史を持っています。ポートフォリオ理論を学べば、日本の先生方の、子ども理解の強い武器になる可能性を持っています。また、昨今の保育室には、発達的な問題を抱える子どもが急増し、従来型の一斉的な教育（保育）は難しい状況です。それだけに一斉テストによる評価から、個々の発達度（最適発達）を評価する必要があります。

　一斉に同じ内容の知識を伝達する教育では、テストによる評価が有効です。全員が同じ内容の教育（保育）を受けるわけですから、比べて評価しやすい利点を持っていますが、プロジェクト教育は、個々の子どもの興味の視点や達成度が異なるがゆえに、テストでの評価は不可能です。いわゆる一般的なテストによる相対的な評価ではなくて、子ども個人の能力や得意点を評価してあげられる絶対的評価法です。

　ポートフォリオとは、大事なものを一つの袋の中に入れておくという意味で、経済学的な用語で財産を分散しながら安全に管理していく方法です。子どもの作品を時間系列的に保存する方法です。ポートフォリオ評価のやり方は、日々の子どもの行動観察です。どんな行動の仕方か、自然な行動か、ありのままの姿か、充分に自分を表現する機会を与えられているかと言ったことです。(注18) ポートフォリオ評価に信頼性を持たせるために、全ての子どもの行動から同種類の行動を観察して選び出し、それを標準化してまとめます。情報を記入するフォームはそれぞれ特有の目的を持ち、内容や特徴によって形式は変わります。

ポートフォリオ評価に必要なもの

　ポートフォリオ評価を行うには、子どもの声に耳を傾け、子どもが何に関心を持っているのか、どのように解決しょうとしているのかを探るための条件は、小さなグループでの活動が基本です。ポートフォリオを作文のように仕上げようとする必要はありません。あくまでも保育活動の中で行うのですから、子どもの生き生きとした表情や会話を記録することです。具体的な準備物として次のような道具が必要です。

1. カメラ、ビデオ、録音器に簡単に使えるメモ帳。（筆者が研修を受けたイタリアのレッジオ・エミリアでは、子どもの手が届かない場所にカメラ、録音器があり、サークルタイムやプロジェクト活動で、保育者が録音したいときには子どもたちの了解を得たうえで、サークルの真ん中に録音器を置いていました。）
2. 子どもたちの作品や保育者が用意した紙素材を入れる太めのバインダー。背表紙には子どもたちのシンボルマークや名前を書いてあげます。また、保護者も見ることができるプロジェクト計画書を入れるバインダー等。
3. 子どもの活動、保育者が考えたプロジェクトの目標、保護者への案内等をパソコンやUSB等に保存する。
4. クラス全体の1年間のプロジェクトの計画やアイデア集等を収納するボックス。

（子どもたちの記録の入っているバインダー　ドイツイエナプラン幼稚園）

（1年間のプロジェクトの計画や使用した情報や素材が収納されたプロジェクトボックス　オランダの保育園）

ポートフォリオ評価（日常の行動観察）

　自然評価は、日々の保育環境の下で、子どもが遊んだり学んだりしているところを観察することによって最も良い結果が得られます。その他、遊びや学びについての様々な情報を集め、作品自体を評価して行う場合もあります。これにはメモしておく、日記をつける、ポートフォリオを利用する等の方法があります。こうすることで、その子ども特有の個性的な表現の重要な特徴がとらえられ評価することができます。

標準化評価（標準化して総合する）

　全ての子どもから同様の情報を集め、標準化した基準に従って評価します。標準化した観察リストや標準化したテストを用いて評価を実施します。

　プロジェクトではポートフォリオ評価と標準化評価の両方を使います。ポートフォリオと観察は、自然評価の基本的道具として使います。標準化した観察リストとテストは標準化評価の道具として使います。

　ポートフォリオをうまく利用すれば子どもたち各自の可能性を探ることが出来ます。これは日々の観察にも当てはまります。一方、標準化した観察リストやテストはすべての子ども同様に実施し、全員から標準化された情報を集めます。これらすべての評価ツールを総合することによって、子どもの発達の現状を知り、そして最適な教育に導く決定が下せるような情報が得られます。

ポートフォリオ（作品集）

　ポートフォリオは、子どもたち自身の（通常は創作した）制作品を集め、一定基準でこれらを評価する場合に利用されます。ポートフォリオは制作物が中心となります。ある期間にわたって集めた作品を見れば、その課程をたどることができます。それは知的理解及びそうでない場合においても、子どもの発達過程をたどることができます。

　ポートフォリオの根本的な考えはいたって単純で、子どもはそれぞれの可能性を持った一人の人間であるという考えを表現しようとするものです。子どもたちは自分流に作品を作り、これが子どもの発達につながります。作品は、子ども一人ひとりの発達を示し、その過程をたどることができるので、保存する価値があります。ポートフォリオは幼児教育における評価ツールとしてはまだ開発段階ですが、作品の収集と保存という作業はこれまでの保育園や幼稚園でも行われて来ました。

このポートフォリオに明らかな機能性を与えることが重要です。情報を有効にし、それを信頼できるものとするためのガイドラインが必要です。また実践的な問題も考慮に入れるべきです。例えば、子どものすべての作品を保管すれば、「ひとつずつに気をとられて全体の流れをとらえられない」可能性があります。作品の評価にあまり時間をさかないことも大切です。

方法
・作品の中から何点かだけを保管し、事前に目的に最も関連のある制作品がどれかを考えておきます。
・それぞれの子どもの作品から子ども同士比較できるものを集めます。
・ポートフォリオは、明確な形式を持ち、求めることがらに沿った内容にしてください。
・子どもたちの作品を正しく評価するための基準を設けることが必要です。

作品
　ピラミッド・メソッドでは、いろいろな発達段階の観察やテストにさまざまなツールを用いますが、個々の子どもが持つ個人的能力を評価するための確かな評価ツールは存在しません。しかし、ポートフォリオは子どもたちの創造性（制作）が反映されているために、このような領域の評価ツールとして使用することが可能です。発達中の様々な時期の発達領域に見られる発達の芽生えを示す作品だけをポートフォリオに入れます。

芸術的発達を表わす作品
　自己表現や創造性を表現している作品を意味します。保存しやすいという理由から、図画や平面作品が最適です。他の作品は写真に撮影して保存してもいいでしょう。遊びや空想ごっこも写真を使ってポートフォリオにできます。

人物画
　子どもたちは、発達の様々な段階で人物画を描きます。

文字を書く力を表わす作品
子どもたちは、なぐり書きをしながら、徐々に文字を書き始める兆候を示します。

読む力を表わす作品
保育者は、子どもが何を読んだかを書き留めておき、また、子どもが自分で作った読み物の作品例を保存しておきます。

図　画
子どもたちは、数字、円や図形など数学的な意味を含む絵を描きます。

写 真

　保育者は、それぞれの子どもの特徴が現れた構築物、創造的な立体作品などを写真に撮影します。デジタル写真にすると、コンピュータに記録保存でき、手ごろな費用でプリントできます。

ポートフォリオの長所と短所

　ポートフォリオの長所は、作品が子ども自身の作品であり、そして子どもは制作に認知力や創造性を働かせていることにあります。もう一つの長所は、自分の作品が好ましいものであり、保存する価値があるのだと、子ども自身が感じている点です。子どもが作った作品は、子どもごとのフォルダに簡単に収集しておくことができます。また、収集作品を保育者と子どもが一緒に見て考察することができることも、もう一つの長所でしょう。保育者のその子どもに対する教育の最適化を図るよい動機づけとなります。

　ポートフォリオの短所は、評価が非常に個人的になることです。また、作品は各々非常に異なった性格を持つことがあるので、評価基準を見つけることが難しくなります。そのような場合、客観的評価の一般的基準（発達検査等）を利用するのが一番であると思われます。

ポートフォリオ（作品集）

　ピラミッド・メソッドではポートフォリオを利用します。自由課題あるいは、的を絞った課題による様々な作品を集めます。作品は4週間のプロジェクトという枠組みの中で制作し、そのプロジェクトごとに集めて半年ごとに評価します。作品は、保育者と保護者間のコミュニケーション手段としての役割も果たします。

評価対象となる作品の保存方法

　タイプ別にそれぞれひとつを超えないように作品を集めます（年少児は別）。年少・年中・年長クラスの作品に分けます。各作品には以下に当てはまる番号をつけます。

年少児：

1. 子どもの特徴が良く出ている（平面の）創造的な作品、粘土、その他の素材で作った建物や立体作品のデジタル写真、空想遊びをしているところのデジタル写真。
2. 意外な作品。（予想していない個性あふれるもの）
3. 人物画。（以前描いたものと関連しているが新たな要素が加わったもの。例えば、最初は頭と足だけだったのが今では腹部も加わった絵など）

年中児：

1. 子どもの特徴が良く出ている（平面の）創造的な作品、粘土、その他の素材で作った建物や立体作品のデジタル写真、空想遊びをしているところのデジタル写真。

2. 意外な作品。（予想していない個性あふれるもの）
3. 人物画。（以前描いたものと関連しているが新たな要素が加わったもの。例えば、最初は頭と足だけだったのが今では腹部も加わった絵など）
4. 子どもたちが下記の内容で活動したときに生まれた、下記のような作品だけを集めます。
   － 書いた作品。（その子どもが意味づけしている書き言葉のある作品）
   － 読み物及び見本となる作品。（その子どもが読むことができる、またはその子どもにとって記念になる作品）
5. 数学的意味のある作品（数字、まとまりのある数を表わした物、数式）

年長児：

1. 子どもの特徴が良く出ている（平面の）創造的な作品、粘土、その他の素材で作った建物や立体作品のデジタル写真、空想遊びをしているところのデジタル写真。
2. 意外な作品。（予想していない個性あふれるもの）
3. 人物画。（以前描いたものと関連しているが新たな要素が加わったもの。例えば、最初は頭と足だけだったのが今では腹部も加わった絵など）
4. 書いた作品。（その子どもが意味づけしている書き言葉のある作品）
5. 読み物及び見本となる作品。（その子どもが読むことができる、またはその子どもにとって記念になる作品）
6. 数学的意味のある作品。（数字、まとまりのある数を表わした物、数式）

（注：コンピューター等を使って、デジタル写真をたくさん撮り、子ども一人ひとりのデジタルポートフォリオを作成することもできます。これは、手軽に編集でき、見やすく達成度評価も容易にできます。ビデオ映像も同じ理由から好都合です。子どもの気になる行動や発達を保護者に伝えることは、しばしば誤解や言葉の理解から問題になることがありますが、長期にわたるデジタルポートフォリオを保護者と観察しながら話し合うのは良い方法です。）

半年ごとの評価

　子ども一人ひとりの発達過程が、満足いくものであるかどうかを評価する時期を定めておくことは大切です。この評価は、体系化した観察リストや発達検査といった客観的な基準に照らして、達成度をチェックすることによって行います。このようにすると、毎日行っていることから少し距離をとることができます。子ども一人ひとりの観察だけでなく、子どもたち全員で一緒に行っていることも観察します。こうすることで、すべての子どもから同じ情報を得ることができ、それは評価する際に同じ基準として使うことができます。ピラミッド・メソッドにおいて半年ごとの評価は重要な役割をもっています。半年ごとの観察リストを利用すれば、3年間にわたり子どもたち全員の発達を観察することができます。子どもたち全員から同じ情報を収集することは、もちろん、子ども一人ひとりの結果が同じであるとか、子どもたち全員に同じ教育を行うべきだという意味ではありません。全く逆です。半年ごとの観察結果から、どこに違いを持たせることが必要か、どの部分で子どもたちは支援を必要としているのか、または必要としていないのか、支援が必要な子どもかどうかが明らかになります。さらに大事なこととして、保育者は常に保育者自身の（観察による）評価と観察結果を比較することがあげられます。一致していれば、概ね信頼がおけることになります。一致しなかった場合、観察結果及び達成度評価をさらに検証するほうがよいでしょう。

評価の特徴
発達度
　点数比較ができるよう、子どもの発達度に簡単な点数をつけます。1年間の年少児用テストと翌年の年中児用テストの能力点を比べることはできません。つまり、ひとつ前のテストの能力点とのみ比較します。直近の半年に進歩があったかを、ひとつ前のテスト結果と比べることによって見ることになります。

グループ比較
　また対照グループ（所属グループ）と子どもたちとの比較も行います。この対照グループは、大きなグループで、全員が全く同じ方法で観察を行います。対照グループは次のように分けられ、格付けされます。
A：25%　高い能力　B：25%　平均より上　C：25%　平均より下
D：15%　平均よりかなり下　E：10%　低い能力

　下図は、言語についての測定表です。図中にそれぞれの子どもの発達度を書き込み、その子どもの前回の結果と比較します。また、対照グループとの比較も可能です。グループ全体の能力点を合計し、子どもの数で割ればグループ全体の平均能力点が出ますので、それを図中に書き込み、その子どもの点数と比較します。

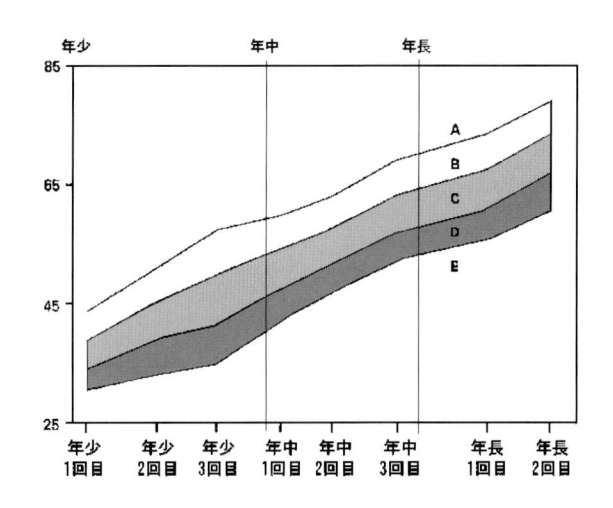

図3　レベル分けの例：言語の習熟度テストより

基　準
　子ども一人ひとりが充分な進歩を遂げているか、それとももう少し手助けしてやればできるのか？と保育者は自分に問いかける必要があります。この質問に評価を行う目的のすべてが集約されています。ピラミッド・メソッドの目的は、子どもたちの発達を刺激し、子どもたちが無事に小学校に進み、中高等教育機関へ進級して、最終的に社会における自分の然るべき場所を見つけることにあります。AレベルからCレベルの子どもたちは、無事に初等教育を受けることのできる子どもたちです。この子どもたちは、おそらくさほど大きな問題も無く小学校を終えるでしょう。しかし、Dレベルの子どもたちは、問題なく小学校を終えることがやや難しくなり、Eレベルの子どもは小学校で問題と直面する可能性が大変高くなります。従って、少なくとも2回の評価DやEレベルだった子どもたちは、D、Eといった危険レベルゾーンを脱出するまで支援を必要とします。（注11：ピラミッドブック1より抜粋）

第七章

イエナプラン幼稚園

ドイツ　テューリンゲン州イエナ（Jena）在住
リートケ瑞恵

イエナプラン独特のサークル状になって保育が進められる

　幼稚園は園児30人、クラスはすずめ組（Spatzen）のみです。3歳から6歳、入学前の子どもたちがいます。入園式などはありませんが、新学期（たいてい8月下旬頃）が始まり、少し経つと新入園児を歓迎する会があります。兄弟や保護者も参加しますが、新しい園児以外の保護者は自由参加となります。

　まず、新入園児の紹介があります。主役が前にでて、ほかの人は前に向かって並列に何列にも並ぶのではなく、輪を作って行ないます。新入園児と保護者がサークルの中心になり、その周りを囲むようにほかの出席者が座ります。先生のギターに合わせて、新入園児とその保護者が踊ります。サークルを作るのはイエナプラン教育の特徴の一つで、このサークルを作ることでお互いの顔を見ることができ、それぞれがその中の一員であることが自覚できます。園児は自分専用の机やいすを持たないので、朝の会や話し合いというとき、さまざまなシチュエーションで輪を作って行なわれます。

　園児にはそれぞれ1人ずつ動物のマークが割り当てられています。誰がどの動物かで、まだ文字の読めない子たちにも、ロッカーの場所や物の持ち主を探すことができます。そのため、当番表も名前ではなく、この動物マークで記されます。

　日本の幼稚園では普通である名札や制服、特定の上履きなどもありません。さらに、自分専用の道具、クレヨンやはさみもありません。幼稚園のものを共同で使います。しかし、これはイエナプランに限ったことではなく、ドイツの幼稚園では一般的になっています。

　日常の流れとしては、9時からの午前中は、その日にもより、音楽、図画工作、体育、ハイキング、またプロジェクト学習があるときはそれに従事します。9時半頃に一度、朝食休憩のようなものがあり、果物や切った野菜が用意され、家から持って来たサンドイッチやお菓子を食べたりします。

（登園した子どもから自由に食べられる軽い朝食が保育室に準備されている。）

（午睡もサークル状になって寝ます。）

そのあとは、少し長めの休み時間があります。学校と同じ時間に休み時間になるので、校庭で学校の児童たちともふれあうことができます。大きい子が小さい子と遊ぶのかな、と不思議に思いましたが、案外、楽しく一緒に遊んでいます。そこで子どもなりに情報交換などもされていて、見ていて微笑ましいです。

11時頃に昼食を食べて、手を洗ったり、歯を磨いたり、お昼寝の用意、お話をきいて、と12時頃までにはお昼寝ができるように準備をします。お昼寝後は、片付けをして、おやつを食べて外で遊ぶ、となります。預けられる時間は、朝6時半から夕方5時までですが、幼稚園での修学時間は、だいたい9時からお昼あたりまでです。

イエナプラン幼稚園の行事

月曜日は必ず朝の会（Morgenkreis）から始まり、サークルを作って行なわれます。ここでは、週末に何をしたかなどの出来事や、先生からその1週間の予定などが伝えられます。そして、金曜日は終わりの祝会（Wochenabschlussfeier）で1週間を閉じます。ここでは、それまでの学習の成果を発表したり、みんなでゲームをしたりして遊んだりします。また、定期的に低学年（小学1～3年生）のグループと一緒に行なったりします。今までの学習を発表したり、みんなで歌ったり、園児や小学生の劇の発表、鑑賞など、さまざまなことが催されます。この終わりの祝会も園児と学校の児童がふれあえる機会が与えられている例の一つです。

週に一度（その時により回数など変動しますが）、ハイキングの日があります。その日、参加したい園児が行きます。気候が良いときは、家から持ってきたサンドイッチやお菓子を食べたりします。行き先は、公園だったり、野原だったり、森だったりと違いますが、自然と親しんで、とてもよい気分転換になるようです。

休み時間やハイキング、旅行などでは、自然との付き合い方や知識が得られるようになっていて、植物や動物の生態や動物の足跡、毒のある植物の見極め方などを学んだりします。その情報の広さには、まだ小さいのによく知っているな、と驚くほどです。

（科学や自然に対する具体的な関心を引き出している。）

また課外学習として、近くの美術館に行き、絵画を鑑賞したり、劇場で劇を観たり、時には裏方も見学したり、と多彩に企画されています。ずいぶん前になりますが、街の美術館でカンデンスキーの展覧会に行ったことがありました。そして、絵からインスピレーションを受けながら、園児みんなで絵を描いて帰ってきました。

教養の一つとして外国語にも触れるようにしているようです。英語だけにとらわれず、さまざまな言語を取り入れようと試みられています。以前は英語でしたが、現在はスペイン語に力を入れ、スペイン人の職員

が、スペイン語で話しかけ、昼寝前にお話を読みきかせています。子どもたちはいくつかのスペイン語の単語を覚えてきます。ほかの言語は新鮮で印象に残りやすいのか、娘も家に帰って来て、「スペイン語でこう言うんだよ。」と得意になって覚えた言葉を教えてくれます。

週に一度、体育もあります。外で遊ぶ動きとは異なり、内容も多彩で楽しいようです。また、現在は理科の実験の日もあります。理科の先生のもと、砂糖などで結晶を作ったり、色の配合や音波、空気圧、水、磁石などの実験を行い、その過程や結果をノートに記録します。実験方法も子どもに合わせているので、楽しく学んでいるようです。

（プロジェクトで学んだことを見えるように展示されている。）

このほか、プロジェクト学習（Projektarbeit）というイエナプラン教育の特徴的なものがあり、テーマを決めて、そのテーマに沿って学習します。内容や期間はそれによっても異なります。例を挙げれば、2012年7月のプロジェクトテーマは『サーカス』でした。サーカスを再現するように、サーカスで披露される曲芸、動物の演技などを練習し、発表では本物のサーカスのような演出で、観客（保護者）を沸き上がらせていました。

月の行事としては、その時期の伝統的な祝事に沿ったプログラムが組まれます。春はイースターのお祝い、2月には謝肉祭で仮装パーティーをします。また、誕生会もありますが、月にまとめてというよりは、誕生日ごとにお祝いをします。このあたりは、他の幼稚園も同じかと思います。

その他、年に一度春に、先生、園児、保護者の親睦お泊まり会があります。週末の1泊2日に行なわれ、参加は自由で、毎年場所も変わります。子どもたちばかりではなく、保護者や先生とも交流を深めるよい機会となっています。

親睦会のあとに、4泊5日の宿泊学習もあります。時期はたいてい4月頃です。そして、3年に一度、幼稚園と学校が一緒に同じところへ行き滞在します。まだ小さいのにそんなに長く行かなくてもと思いましたが、いつも一回り大きく成長して帰って来る気がします。2010年は3年に一度の一斉旅行でしたが、子ども二人ともに何の問題もなく、とても楽しんで帰って来ました。

卒園が近づくと、幼稚園の先生から学校のような評価表をもらいます。成績評価というよりは、今まで幼稚園でどのように生活していたか、たくさんの行事や催し、プロジェクトにどう取り組んでいたか、また注意点などを文章で表現されます。学校と同様に、先生と園児と保護者で三者面談の形式で、先生が書かれた文章を読み上げます。話し合うだけでなく、最後にその文書は、ほかの作品や記録と一緒にもらえるので、後にも読めることができ、自分の子どもがどう幼稚園で過ごしていたかよい思い出となります。

（ポートフォリオ評価と呼ばれる子どもの作品、プロジェクト参加の成果、先生が評価した子どもの発達が書かれたものがファイルされている。）

保護者プログラム

　保護者の支援は日本と似ていますが、少し異なるようにも思えます。日本では園児が不自由しないようにきめ細やかな支援があります。そのほとんどは役員中心で、おもに母親が役割を担っています。しかし、イエナプランでは、支援としての父母の割合はだいたい半々です。夫婦で協力できるときはそろって協力したりします。もちろん役員もいます。どちらかというと保護者代表というかたちで、役員の特別な仕事というのもありますが、役員だからすべての支援を担うわけではなく、その時に手伝える保護者が支援にあたります。

　例えば、プロジェクト学習であれば、それについて詳しい保護者がそのテーマについて話したり、農家や工場などの見学を手配したり、教材の調達などをします。ほかには、課外学習の引率や夏休み中に先生と一緒に子どもたちをみたりもします。年に一度のプロジェクト週間（Projektwoche）も保護者や関係者の支援を受けます。手伝えることがあれば、役員など関係なく協力する、自発的な協力というのが基本になっています。

　毎年、卒園児とのお別れ会（Ausspatzung）が７月頃に先生、卒園児の親戚とその関係者、在園児と保護者を招いて行なわれます。これは先生が準備をするのではなく、卒園児の保護者が催します。かなり大掛かりな会になるので準備はすでに何ヶ月も前から始められ、何回も打ち合わせて、お別れ会の内容、卒園児、在園児、そして先生方への贈り物、その手配などさまざまなことを決めていきます。

　長男のときは、キャンプ場でお別れ会をしました。キャンプ場とその周辺を有効に使い、宝探しをしました。父兄は海賊に仮装して、ポイントで待ち構えて子どもたちを驚かせました。その後、保護者による小さな劇が披露されました。また、長女のときは、不思議の国のアリスにヒントを得て、園児が不思議の国に迷い込んだような演出をしました。

　こうしたプログラムは、卒園児の保護者のアイディアによるもので、すべて独自で行なわれたものです。そのため、毎年、違った味わいのあるお祝いが催されます。計画から準備、実行、後片付けまで本当に大変な仕事ですが、子どもたちが喜び、楽しんでくれると思うと、努力の甲斐もあります。

子どもが安心できる保育空間

　イエナプラン幼稚園を一言でいえば、日本の幼稚園よりも「ゆるやか」と言えます。それは制服がないなどのことではなく、もっと肩の力を抜いた感覚で、例えば、日々の学習についても選択することができ、ときには皆一斉に同じことをしなくてはいけないときもありますが、子どものやる気や意見などを考えたとき、その時の状況や気分で自分のやりたいことが選択できるのは良いことではないかと思います。もちろん、決まり事はあります。やりたいことだけをやるような放任主義ではありません。しかし、ある一定の常識の範囲においては、否定されることが少ないと思います。それにより、園児も圧迫されず、個性豊かにのびのびと成長していくように感じられます。

　日本の幼稚園では、制服から履物、持ち物やバックまで細かく指定されており、園での日常の生活も決まりごとが多いように感じられます。また、同じ年齢の子どもたちは、みんなある程度同じレベルに到達していないといけないと言った雰囲気さえあります。

　イエナプランでは、園児は自身の力でできるように導かれます。年上の子どもをお手本に、小さい子どもたちはそれを見て学びます。そして、その結果が思うようでなくとも、否定されず受け入れられるので、物事に取り組む意欲も失われず、そのうえ、個性も主張でき、尊重もされるので、みんなと違っていても疎

外感を感じず、次のステップにも繋がりやすくなっています。　長女の例を挙げれば、同じ課題、例えば、粘土工作をやっても、ほかの子とは違った作品に仕上がった時、それを指摘すると、「みんなとは違うけど、わたしはこうしたかったの。こうでもいいんだよ。」と言います。決して負け惜しみとかではなく、本当にそう思っているようです。その作品をみると、確かにあともう少しこうしたほうがよいのでは、というところもありましたが、娘の個性がそれなりによくでていた作品でした。このまま、子どもたちの個性が消えないで成長してくれればよいなと願います。

　朝食（預ける時間が早いので7時半頃に一度朝ご飯がでます。）やおやつの時間も当番が先生の給仕の手伝いをしたり、自分で使ったコップは自分で洗ったりするのは普通かもしれませんが、先生の買い物の手伝いをしたりもします。また、ゴミの分別や節水もしっかり指導されます。これは家庭の日常生活でもお手伝いができるようになり、また、自然環境の意識へと繋がっていくのではないかと思います。
年齢が混合している利点として、小さな子にとっては、年齢が上の子がいるということは、お手本がたくさんあるということで、年上の子たちを見聞きしているうちに、知識も豊富になります。ちょうど、年の近い兄弟がいる関係と似ているでしょうか。きちんと理解するまで、あるいは一定のレベルに達するまでには、結局はその適合年齢になるまでかかる時もあるかもしれないですが、常に考えや行動が一歩、進んでいるように感じられます。

年齢が上の子たちにとっては、自分が小さい子を補助することを学びます。そして、小さい子は自分がその年齢に達したときは、逆の立場になることも理解します。

このようなことは、同じ年齢の子だけでも習得できると思います。しかし、実際の社会では、周りは同じ年齢、また同じ境遇の子だけではないはずです。イエナプランの幼稚園および学校は皆、階級や身体のハンデ、境遇など関係なく混合した学校です。そういった意味では、ここが一つの共同生活を営む場所であり、実際の社会に順応できる能力を養う場所でもあります。

（Obergruppeの生徒たちです。日本でいう中学生にあたります。作品展の制作に幼稚園児を招いて一緒に作る。）

社会適合能力や社会貢献などというと、かなり固く感じるかもしれないですが、あまり気を負う雰囲気もなく、ゆったりとしていて、そういった中でいつのまにかそれらが身に付いているという理想的な形がイエナプラン教育にはあると思います。自分で選んだことに責任を持ち、また自覚しながら、共同生活にうまく馴染んでいけるような、協調性、順応性、そして自主性も養うシステムになっています。受け身の教育ではないので、積極性が求められます。子どもによっては、合うあわないがあると思いますが、これからの社会には必要な条件だと考え、子どもたちにはたくさんのことを学び成長してくれればなと願います。

プロジェクト週間（Projektwoche）

　プロジェクト週間は、普段、授業で行なうProjektarbeit（プロジェクトの課題）を大きくしたようなもので、年に一度、通例として3月下旬頃から4月上旬頃の1週間、学校全体で催される一大イベントです。幼稚園から13年生（19歳）までの生徒が参加します。学習することに変わりはありませんが、雰囲気としてはお祭りのようで、先生や生徒たちも通常の授業より賑やかでリラックスしています。期間は金曜日に始

まり、翌週の金曜日までの6日間で、この期間は、他の授業は一切行なわず、児童は参加したプロジェクトに集中することになります。修業時間は、朝8時から始まり、13時に終了します。

プロジェクト週間の流れは、毎年違った主題が出され、その主題に伴い、年度によっても違いますが、20前後のプロジェクトグループ（通常「Gruppe グルッペ」と呼ばれています）が提供されます。

主題はプロジェクトが開催される1ヶ月ほど前に公表されます。この主題は、Schülersprecher（学年代表者）とよばれる生徒委員会が決めます。生徒委員は小学4年生から13年生までの生徒で構成されています。クラスから3人ずつ選ばれますが、イエナプラン学校は縦割りのクラスなので、クラス内の各学年から一人ずつ選ばれます。任期は1年です。生徒委員が提示した主題に対し、自分でプロジェクトグループを作りたいという生徒は、ほかの生徒とグループを組んでテーマを見つけ、何をするか、プロジェクト進行、発起者名などを書いて申請します。前提条件として、一人でプロジェクトを立ち上げることは不可となっています。プロジェクトには必ず先生がつきますが、顧問の先生も自分たちでみつけます。そうした顧問の教員は、どちらかというと補助にあたる役割をするだけで、中心はあくまで生徒たちです。生徒たちが率先してプロジェクトを進めていきます。

各プロジェクトグループが受理されると、Feier（祝会）の時間に学校で一斉に各プロジェクトグループの紹介があります。学校の廊下などで、ブースやコーナーを作ってそれぞれのグループがほかの生徒に自分たちのプロジェクトがどんなものかを宣伝します。ちょうど、サークルやクラブなどの勧誘と似ています。生徒は、各コーナーを見て歩き、自分のやりたいプロジェクトを見つけます。幼稚園では先生がテーマを決めます。

生徒は第3希望までを決め、申請書を書きます。これは用意された用紙に書くのではなく、生徒が文書形式で自由に書きます。希望のプロジェクト名となぜそれを選んだか、そのプロジェクトで何を学びたいか、自分ならそこで何ができるか、など理由を文章にし紙に書いて提出します。そして、受理されると参加するプロジェクトチームが決定となります。プロジェクトが始まる少し前に、各プロジェクトチームから生徒に1週間のプランが配られ、そこには1週間の予定や場所、持ち物などが記されています。

プロジェクトグループには、Organisationsgruppe（プロジェクト進行責任者）という構成委員会もあります。プロジェクト週間にはなくてはならない存在で、各プロジェクトの教室割り当てや、問題が起きた時の処理にあたったり、一般公開の構成、進行を務めたりと、プロジェクト週間が円滑に進むよう補助をしています。一般公開では、毎年、構成委員の趣向により、違った演出が見られます。

このような大きな催しは毎年恒例なので、一度参加すると生徒たちには周知のこととなりますが、期間が近づくと先生から説明があったり、一年の計画表をみたりして確認します。保護者への説明は父母会などで伝えられます。そこで、協力者を募ったりすることもあります。

イエナ校では、幼稚園から13年生（19歳）まで一貫しています。年齢制限もあるグループもありますが、低学年から日本でいう高校生まで、かなりランダムに混ざり合って実行されます。それなので、グループによっては年齢差がかなり大きくなる場合もあり、兄弟で同じプロジェクトグループになる（または「なれる」）こともあります。

幼稚園では、幼稚園自体で一つのプロジェクトグループとなります。園児たちも希望により参加可能なグループに申し込み、そちらに参加することもできます。この場合、申請書は免除となり、口頭での申請となります。幼稚園のプロジェクトには園児だけではなく、小学生から高校生までの生徒が参加することももちろん可能です。

第5日目の木曜日、午後5時から一般公開があります。今までの研究、学習の成果を発表し、保護者や関係者、親戚、友達などが見学できるようになっています。オープニングは体育館で行なわれます。すべてではありませんが、プロジェクトグループが発表を行ないます。体育館でのオープニングが終わると、各教室での生徒の作品や研究記録などの展示品を自由に見学することができます。また、教室でもダンスや演劇などの発表も行なわれます。見学者もただ見るだけではなく、実験や実際に触ってみたりなどの体験もあります。数年前になりますが、『自己防衛』というプロジェクトグループでは、いくつかの自己防衛の仕方を実演し、観客にも実際に体験させていました。その他、ちょっとした手作りのサンドイッチやお菓子などの軽食も売られます。また、期間中に作った作品を売ったりして、ニカラグアへの寄付金を集めたりもします。
　そして、最終日の金曜日は、今までの反省会や片付けなどをします。午前中にもう一度、体育館で発表があり、さらに表彰、謝辞を述べたりします。発表の内容は前日の体育館発表よりも少ないプログラムで構成されています。この会をもってプロジェクト週間は幕を閉じます。

2010年3月のプロジェクト週間で、幼稚園ではプロジェクトテーマ『JAPAN』をやることになりました。幼稚園の先生から依頼があり、私も幼稚園のプロジェクトへ応援要員として参加することになりました。
　前々から、プロジェクト週間で保護者が参加、指導することもあるのを聞いたことがありますが、まさか自分が参加するとは？！と驚きもありました。通常、保護者の参加はなく、木曜日の一般公開に見学に来る程度ですが、依頼されなくとも、協力したい保護者は、教員と相談の上、参加可能です。参加といっても、プロジェクトを一緒に体験するのではなく、ときには指導もしますが、サポートとしての役割のほうが大きいです。メインは生徒なので進行や発表の場はすべて生徒に委ねられます。
　毎年、保護者だけではなく、テーマに関連した団体や、専門家、そのほかの関係者などの協力を得ています。これらの支援は、プロジェクトを成功させるものとしてかかせないものとなっています。『多文化的』がテーマの年は、たくさんの在イエナの外国人が支援にあたりました。また、2012年のプロジェクト週間では、グリーンピース団体の協力をうけ、その実態や活動を体験させてもらいました。

　2010年は、『多文化的 Multikulturell』という主題に、内容をより明確にするために『Über Tellerrand geschaut』（注）という副題がつき、それに関連したプロジェクトが組まれ、『スペイン』『ブラジル』『インド』『中国』『韓国』などの国々についてのものから、『学校のミクロの世界』『異国の歌』『バスケットボール』など、非常に多彩なプロジェクトテーマが提供されていました。
　（注）直訳すると「皿の枠の上からみた」ですが、「高いところから観察する」、転じて「物事を正しく評価するために自分の狭い視野から抜け出す」という意味合いになります。

　幼稚園のプロジェクトに参加するにあたり、まず、プロジェクト週間が始まる前に、2、3回、幼稚園の先生たちと打ち合わせをしました。先生たちの意見や要望、日本について何を学習したらよいか、何を手伝ってもらうか、などを相談しました。希望としては、歌1曲、折り紙、文字、日本の学校や幼稚園、風土について、また、児童と一緒に作れる日本の料理などをだされ、それに対応した案をこちらから提供し、共に考慮していきました。
時間帯は期間中毎日、主人は朝8時から9時まで、わたしは朝8時から13時まで担当しました。実際のプロジェクト学習の詳しい内容は以下に記します。

プロジェクト 『JAPAN』
第1日目：2010年3月19日（金）―日本ってどこにあるの？―

　午前中に一度、先生方と軽く打ち合わせをしてから、12時〜12時45分まで最初の授業が行われました。教員2名、園児（4歳〜6歳）23名、小学1〜3年生の児童4名。

　まずは、みんなでサークルになって、先生が、これから学習していくプロジェクトテーマ『JAPAN』について説明をし、小学生の児童は、なぜこのプロジェクトを選んだのかを聞かれ、答えていました。

　イントロダクションが一通り済むと、児童に日本について次のような質問がされました。
- 日本という国を知っているか。
- 日本の何を知っているか。また、日本に関係したことは何か。
- 日本はどこにあるか。
- 日本の何が知りたいか。

　日本の地理的位置は、地球儀を使って確認しました。意外と、というよりは、やはり…で、あまり知られていないようで、「どこにあるんだー！」といいながら、地球儀をぐるぐるまわしていました。ある児童は、ブラジル方面を必死に探していました。

　実際に日本に行ったことのある児童は1人だけで、ほかは、テレビや本、雑誌などで日本について見聞きしていたようでした。そして、日本のものとして、サムライ・カメラ・空手・柔道・自動車などが挙げられ、どのようなことを知りたいのか、の質問に次のものが挙げられました。
- なぜ日本人はみんな同じにみえるのか？
- 侍はどう戦うのか？また、武士はどんな格好をしているのか？
- 日本人は何を食べて、どう生活しているのか？
- 伝統的な衣装はあるのか？
- 幼稚園や学校はあるのか？またあったら、どのようであるか？
- 日本の家族はどのように暮らしているのか？
- どんな音楽があるのか？
- 日本はなにで有名なのか？
- 日本ではなにが生産されているのか？
- 日本のダンスグループはあるのか？また、伝統的な踊りはあるのか？

など、たくさんの質問が出ました。侍や武士、空手などは、おもに男の子でしたが、武士道的なものの印象が強いんだな、と思ったと同時に、アメリカでよく、忍者について聞かれましたが、忍者という言葉はほとんど聞きませんでした。ドイツでは、あまり知られていないのにはちょっと意外でした。

　また、「なぜ日本人はみんな同じにみえるのか？」という質問には、やはりそう見えるのか、と改めて考えさせられたり、「日本の家族はどのように暮らしているのか？」という質問には、子どもながら、「家族」に焦点をあてるところに奥深さを感じました。

　これらの質問に答えるべく、プロジェクトの内容もそれに沿うように考慮しました。

次に、自己紹介を日本語でしました。「わたしは～です。」「ぼくは～です。」を使って順に名前を言ってもらいました。まだ、難しい子には名前に「～です。」を付けた形で言ってもらいました。発音が難しいとみえて、かなり苦戦していましたが、みんなよくできていました。

　そのあと、この期間に練習する歌、「かえるのうた」を歌いました。選曲にあたり、「さくら、さくら」も候補にあがっていましたが、ドイツの園児が1週間で歌えるようになるには少し難しいのでは、という意見もあり、簡単なメロディー、かつ少ない歌詞という点で「かえるのうた」になりました。

　まずは、手本として主人とわたしが歌いました。そのあと、全員で歌いました。ちょっと難しいかな、と思いましたが、メロディーがやさしく、テンポもよいせいか、覚えやすいようで、歌詞がはっきり言えなくとも、ハミングで歌っていました。このうたの＜クワクワ＞のところが、ドイツ語のカエルの鳴き声と似ているせいか親しみやすかったようです。授業のおわりに、「日本 Japan」と書かれたものを探す、日本のものがあったらもってくる、という宿題が出され、みんなで日本語で「さようなら。」をして第1日目は終了しました。

第2日目：3月22日（月）―日本文化と日本語―

- 朝のサークル「おはようございます。」を日本語で覚える。
- 金曜日の宿題について。（日本のものを探す）
- 日本の小学生についてのビデオ鑑賞。『ある小学生の1日の生活』（15分程度）
- 折り紙と「かえるのうた」の演奏練習の2つのグループにわかれて学習。
- お昼寝まえのお話。「ふくろうのそめものや」
- 午後　ビデオの感想

　　　　「あいうえお」を学習。カタカナで自分の名前を練習。

　朝8時から、サークルになって朝の会が始まりました。金曜日の宿題「日本のものを探す」では、カメラが日本製だったという声があり、それぞれ家から日本の本、扇子、折り紙、のれん、切手などを持参してくれました。

　こちらからは、男ものの浴衣を主人に着てもらい、下駄を履いて披露しました。また、昔の髪型として、余興用のちょんまげのカツラもかぶってみせました。おかしなカツラには全員大ウケでした。浴衣も下駄も興味深そうに見ていましたが、下駄が非常に興味を惹いていました。

そして、日本の小学生の1日についてのビデオを視聴しました。初めて見るものばかりで、不思議な感じがしたそうです。例えば、ランドセル。ドイツではかなり派手な柄物が多い中、日本は質素な、今日ではいろいろな色がありますが、男の子はたいてい黒で女の子は赤と決まっていることや、給食を教室で食べること、制服があったり、体育着が決まっていることなど、「どうして？」という声も聞かれました。

　ビデオ鑑賞が終わると、折り紙と演奏のグループにわかれ、演奏グループは、エルスナー先生の指導のもと、木曜日の一般公開に備え、「かえるのうた」をいくつかの楽器をつかって演奏しました。
　折り紙のグループでは、わたしとチェルヴィック先生が担当し、「ぴょんぴょんがえる」を作りました。少々、複雑でしたが、お互いに助け合い、みんなそれぞれ形よく折れました。できたあとは、かえるを跳ばして遊びました。自分の折ったものがどのようにできあがるか、期待もあったせいか、みんなやる気満々で望んでくれました。実際に、自分で作ったカエルが跳ねた瞬間の感動は大きかったようです。

幼稚園では、お昼寝があります。寝たくない年長の子ども以外は全員、その日のプロジェクト学習は終了となります。お昼寝まえに、「なにか日本のおはなしを。」という要望に応えて、日本の昔話を、金曜日まで1日1話することにしました。初めに少しあらすじを話し、それから日本語で読み、その後、ドイツ語訳を読みました。

　12時から13時までは、お昼寝をしない園児と小学生4人、およそ6、7人で、午後の学習をしました。
　50音の成り立ちや並び方、発音を教え、それぞれ自分の名前をカタカナで練習しました。名前によっては、長く難しいものもありましたが、みんながんばって書いていました。初めはひらがなで書いてもらおうかと思いましたが、ドイツ語名だし、カタカナの方が簡単で覚えやすいのではないかと考え、カタカナで練習してもらいました。
　カタカナは書きやすかったようで、何回か練習するうちに、お手本を見なくても書けるようになっていました。

残念ながら、ひらがなを練習する時間がありませんでしたが、ドイツ語のアルファベット26文字に対し、2種類の文字が50ずつあるのには驚いたようで、「日本人には絶対なれない！」とみんな口々に言っていました。また、「これだけで学校の授業が終わってしまわない？」という質問もされました。「大丈夫よ。」と答えても、信じられないというような表情で「日本の子は大変だね。」と日本の児童の苦労に同情していました。

　最後に、「さようなら。」の挨拶をして、第2日目は終了しました。

第3日目：3月23日（火）―日本の童謡・折り紙で遊ぶ―

・朝のサークル「おはようございます。」を練習。
　　　　　　「かえるのうた」を楽器の伴奏とともに合唱。
・午前　ビデオ鑑賞。「日本の中学校」（約20分）
　　　　折り紙（とんびひこうき）、演奏の練習。
・お昼寝まえのおはなし　「ねずみのよめいり」
・午後　名前を書く練習、数のかぞえかた、数の漢字

朝のサークルで、演奏グループが練習した「かえるのうた」を披露してくれました。

　演奏というと、メロディオンやトライアングル、カスタネットなどの楽器を想像していましたが、素朴で小さな木琴や太鼓、各国々の民族楽器を使っての演奏でした。耳に心地よい響きで、「かえるのうた」も演出一つでずいぶんと変わるものだな、と感心しました。演奏する子どもたちも、自分のパートをしっかり演奏しようと練習に励んでいました。

折り紙は、「とんびひこうき」を折りました。幼稚園でも、折り紙をするときがあるようで、定番の「つる」などは、すでに知られていました。
　おりがみについて、2日間見てきた中で思ったことは、やはり、日本の子どもたちに比べて、手先の器用さが違うことでした。角と角をぴったり合わせる、まっすぐに折るなどは苦手なようでした。慣れれば、また違うのかもしれませんが、正確に折らせるには少し苦労しました。そして、作って遊べるおりがみが好評でした。跳ぶかえるもそうでしたが、ひこうきは、男の子、女の子ともに大好評でした。
　ビデオ鑑賞は、日本の中学校についてでした。ビデオ資料入手は、先生方で入手され、ビデオは制作された時期が少し古いようで、今日とは違う部分もありましたが、総合的にみてあまり変わりはありませんでした。ビデオを観て子どもたちは、日本の学校はとても厳しく、規則もいっぱいあり、勉強ばかりしているような、あまり楽しくない印象を受けていました。内容も、とくに厳しいところにスポットライトがあてられていて、カメラの前で緊張していたのか、生徒がひとつも笑わないのを映し出していたので、そのようなイメージを持ったのかもしれません。

　午後の時間は数を学習しました。1から10まで言えるように練習し、砂を使って、漢字で一から十を学習しました。一から三までは、あっという間に覚えていましたが、四からあとは苦戦していました。午後の授業は、少人数なので午前の授業よりは落ち着いてできる印象がありました。

第4日目：3月24日（水）―日本の伝統文化に興味を持たせる―

- 朝のサークル日本語であいさつ。
　　　　　うたの練習
- 午前　日本の地理。
　　　武道について。
　　　ビデオ鑑賞。「日本の中学生について」（約15分）
- お昼寝まえのおはなし。「にんじん、ごぼう、だいこん」
- 午後　習字。（数字の一から十。山、川、木、森、大、小など）

　地理では、写真や地図を使って日本の景色を見ながら、東京、北海道、沖縄など細長い日本の特徴を説明しました。
　この日は構成委員の取材があり、市内の武具専門店の方が空手の由来や日本刀や薙刀などの武具を学習するときに行なわれました。

空手や武具の説明のほか、空手の型や板割を披露してくれました。子どもたちは見慣れない武具や板割に大変興味を示していました。板割では、頭で板を割っていたので、子どもたちは頭を抱えて、しきりに痛くないのかと訊いていました。それから、みんなで空手の型を習いました。体を動かすのが気持ちいいのか、みんなは声を出してはりきってました。

　ビデオについては、中学生の放課後のようすがドキュメントされていました。塾に通い、帰りも遅く、その後も夜遅くまで勉強をするという日本の受験事情は理解し難いようでした。また、学校での制服、髪型、持ち物の検査には、驚きというよりは嫌悪感を抱いたようでした。「本当にそうなの？」と訊かれ、自分の経験を話すと、子どもたちは、ただ首を振るばかりでした。制服もなく、髪型や持ち物も自由なドイツの学校では考えられないことばかりです。嫌悪感を催すのも当然のことかもしれません。

　午後の学習では、習字をやりました。筆で書く感触が良いのか、硬筆で書くよりずっと楽しんで取り組んでいました。道具がそろわなかったので、絵画用の筆と墨でしたが、鉛筆や万年筆（ドイツの学校では万年筆を使います。）で書く文字とは違った文字の表現ができるのを体験し、とても気に入ったようでした。

　また、漢字の成り立ちにも関心を持ち、山や木、森などの構成は遊び感覚で覚えていました。さらに、自分の好きなものをどう漢字で書くのか興味を示し、書けるよう練習していました。

第5日目：3月25日（木）―日本食に挑戦する―

- 朝のサークル「かえるのうた」の練習。
- 二つのグループに分かれ、演奏の練習と日本食を作る。
- お昼寝まえのおはなし。「一休さん」
- 午後　ファイル、一般公開用のフォトフレーム作り。
- 一般公開体育館で「かえるのうた」を発表。

　二つのグループにわかれ、一つのグループでは日本食を作りました。日本の家庭でよく作られるもがいいと思い、おにぎりとお味噌汁を作りました。まず、どういったものを作るか説明しましたが、日本食になじみがないせいか、想像しにくかったようです。

　お米を研ぐところから始まったのですが、米を洗うことがめずらしかったようです。お味噌汁には、かつお節やわかめなど海のものを入れました。見慣れないものばかりとあって奇妙な顔つきをしていました。調理自体は、みんな楽しく意欲的に調理してくれましたが、いざ試食となると抵抗があるのか口に運ぶのは不安そうでした。味はなかなかだったと思います。演奏は、エルスナー先生が担当し、一般公開に備えて練習をしました。

　おはなしは「一休さん」を読みました。今まで読んだ中でも一番楽しんでもらえたようです。窮地を持ち前のとんちで切り抜ける、ユーモアあふれた一休さんは意外性があっておもしろかったと楽しんでもらえました。

プロジェクトの成果を発表する

　午後5時からの一般公開では、「かえるのうた」を演奏とともに発表しました。練習の時と少し違って緊張したのか、いつもよりは声が小さかったですが立派に歌ってくれました。他のグループの発表では、『インド』のプロジェクトグループは民族衣装を纏い踊り、『侍』をテーマにしたグループは竹刀で殺陣を披露しました。また『外国のうた』では他国の歌をその国の言葉で歌ったり、ダンスグループは派手な衣装を身に着け「マンマ・ミーア」を踊りました。

プロジェクトグループの発表のようす

（コーラス　マンマ・ミーア）　　　　　　　　　　　　　　（インド舞踊）

（プロジェクトグループ『SAMURAI』

　興味深かったのは、「カホン（注）をつくって演奏」です。生徒が期間中に自分で作ったカホンを使っての演奏はとてもすばらしいものでした。
（注）カホン（Cajón）はキューバ、ペルー発祥の木製の箱型の打楽器の一種。股にはさんで演奏される。

プロジェクト発表のようす

また、ほぼ毎年恒例となっている構成委員会で自作ビデオも放映されました。毎年、その趣向は委員によって違いますが、2010年は各プロジェクトグループを取材し、その活動の様子を撮ったり、インタビューをして、ハイライトをまとめ、さらに自作のコントを交えるという非常に完成度の高いユニークなフィルムでした。そしてフィナーレを飾ったのは『中国』のグループで、生徒自作の龍を会場中央から走らせ、場を盛り上げていました。

（フィナーレの龍）

　発表はすばらしいもので、楽しく、興味深いものがたくさんでした。とくに注目すべきは、どれも短期間で仕上げたとは思えないほどのできばえであることです。もちろんそれは、体育館の発表だけではなく、教室での展示品などについても同じことがいえます。

　体育館でのオープニングが一通り終わると、それぞれ見たい教室に移動します。展示品や発表などがありますが、2010年は『多文化』がテーマだったので、国がテーマのプロジェクトグループでは、その国のちょっとしたお菓子や郷土料理を自分たちでつくり試食させたり、販売したりしていました。

（自作の販売店）

各グループの紹介プラカード

（スペイン）

（アフリカ）　　　　　　　　　　　　　　　　（南アフリカ）

　幼稚園グループの児童は解散しましたが、エルスナー先生と主人とわたしは教室に戻り、見学者に展示品の説明などをしました。

　プロジェクト『JAPAN』では、教室内に今まで作ったおりがみや習字の作品、学習したものをまとめたファイル、写真などを展示しました。その際、日本のお菓子ももちより、子どもたちと作ったおにぎり、お味噌汁も提供しました。どれもおいしく喜んでもらえました。

　見学者はさまざまで、子どもにはおりがみを教えたり、大人の見学者にはプロジェクトの過程や日本の文化について話したりと、たくさんの人がプロジェクト『JAPAN』に足を運んでくれ、とても賑わいました。園内は家庭的な雰囲気が漂い、始終和やかで、とても楽しいひとときでした。

最終日：3月26日（金）プロジェクトを終えて

- 朝のサークル「かえるのうた」合唱。
- 午前　おはなし。「十二支のおはなし」
    日本のビデオ鑑賞。
    沖縄音楽にあわせて踊る。
- 10時～　体育館で発表と表彰式。
- 終わりの会。

　最終日は午前までだったので、おはなしはお昼寝まえではなく、朝のサークルのあとすぐに読みました。十二支のお話だったので、生まれた年の干支を教えグループをつくり、自分たちの干支がどのように順番が決まったかを一喜一憂しながら聞いていました。そして、なぜ、イヌがいるのにネコがいないのか、なぜネコがネズミを追いかけるようになったのかのオチには関心の声があがりました。自分が何の干支かを初めて知った子がほとんどで、お話の最中には、自分たちが競争をしているように感じたのか少し興奮気味に聞いていました。

　少しだけですが、プライベートで撮った日本のビデオを鑑賞しました。息子の七五三、地元の夏祭りなどですが、夏祭りで子どもたちが日本太鼓を打つ様子は大変興味をひいていました。お囃子にあわせて、順繰りに子どもたちが太鼓を違えながら叩く姿、お囃子や太鼓のリズムにとらわれたように身動きもせずに見入っていました。

　その後は、体育館の発表がはじまる前に、沖縄の音楽にあわせて踊りました。明るくリズムの良い曲に、みんな元気よく踊ってくれました。

　体育館での発表は、前日の発表よりプログラムが少なくなり、そのかわり、貢献してくれた生徒の表彰や、指導してくださった先生や関係者に謝辞を送ったりと、およそ　1時間程度で終わりました。

終わりの会は、エルスナー先生が今まで学習したこと、感想などを簡単に述べてくれたあと、私から子どもたちへ、プロジェクト週間の思い出にと折り紙で折った花とひこうきをプレゼントしました。みんなとても喜んでくれて、一人一人お礼を直接言ってくれたのにはとても感動しました。そして、この会をもって1週間のプロジェクト週間は幕を閉じました。

　プロジェクト週間に初めて参加した個人的な感想は、子どもたちの物事に積極的に取り組む姿に感心させられました。あまり緊迫した感はなく、プロジェクト週間という特有の雰囲気もあってか、教員を含め生徒たちもみんなゆったりと楽しんでおり、協力者としても参加しやすく、非常に快活な明るい印象がありました。

　通常、学年差があるクラスで学んではいるけれども、プロジェクト週間ではさらに差が激しくなります。そんなグループでうまくいくのか、本当に機能するのか疑問がありましたが、始まってみると、年齢が上の子は、すでに自分の役割を把握していて、できる子は小さい子を手助けしたり、小さい子は自分なりにできることをやろうと試みるので、その疑問も初期に打ち消されました。しかし、学問分野になると、幼稚園児と小学生には明らかな学習能力や集中力に差がありました。

　園児が楽しいと思うことは、必ずしも小学生も楽しいというわけではなく、またその逆もあり、共通に楽しめるものを提供しなくてはならない午前の部には苦労しました。

　午後のグループは、6歳から9歳までの児童が学習しました。取得する能力はそれぞれ個人差もありますが、ある程度年齢も一定なので、学習内容もより濃く、少人数ということもあり、かなり集中してできたと思います。

　そんな小さなグループでも、できる子はほかの遅れている子を助け、その場合、必ずしも年齢の上の児童が、年齢の低い児童に教えるだけではなく、年齢に関係なく協力し合って課題に挑んでいました。このような姿勢を当然のことのように受け入れられるのは、縦割りクラス（マルチエイジング）で、共同生活をコンセプトとしたイエナプラン教育の特徴の一つではないかと思います。とくに、プロジェクト週間では、チームの年齢差が通常の授業より大きくなります。そんなとき、どう振る舞うか、どのように適合したらいいかなど、より混ざり合った共同生活を学ぶよい機会だと思います。

　プロジェクトが始まる前は、うまくいくかどうか、サポートとしての役割をきちんとできるかなど不安がたくさんでした。そして、一番は、もし児童が喜んでくれなかったら？という気持ちがプレッシャーにもなりました。そんな中、2人の先生が病欠するという予期せぬ事態もあり、ますます不安は募りました。しかし、プロジェクト『JAPAN』に参加した児童の保護者から、毎日、子どもが家に帰って来ると、「今日はこんなことをしたんだよ。」と習ったことを楽しく話していたそうで、それを聞いてほっと胸をなでおろしました。それと同時に、本当にやってよかったな、という想いが込み上げました。それだけではなく、子ども

たちの驚いた顔や喜んだ顔、うれしそうに笑った顔を見られたことは、この期間中、一番の収穫だったと思います。

　プロジェクト全体についていえば、まずはテーマ決定にはじまり、プロジェクト計画、進行、発表などすべて生徒たちに委ねられます。これだけの催しを遂行するには、それなりの準備も必要ですが、それだけではなく相当な意識や率先力、自主性と主体性、また協調性を要するでしょう。しかし、試行錯誤しながら、自分たちの力で一つの大きなプロジェクトを成し遂げたときの達成感は何にもかえられない喜びとなるのではないでしょうか。

　例として、2012年３月に行なわれたプロジェクト週間では、テーマは『Schritt für Schritt ein bisschen grüner- eine Schule rennt für die Umwelt』直訳すると、「一歩、一歩、少しずつ、より緑色に－学校は環境のために走る」で、環境緑化のために何かをすることが大意で、緑化や自然環境に関係するプロジェクトグループが提供されました。さらに今回は自然保護地区に生息するコウモリを保護するための義援金も集められました。

　グループテーマは多岐にわたり、自然保護地区を視察に毎日10kmトレッキング、保護地区に生息するコウモリの生態を研究、グリンピース団体を取材、ゴミを利用した楽器で演奏、自然素材を使って小物を作り販売、古着をリフォームしてファッションショーなどさまざまなテーマが行なわれました。

　その中で、"Think Big"というプロジェクトグループでは、独自で撮影したショートムービーを放映しました。

　日常の環境をコンセプトにし、もしこうだったら、という設定で、街のなかで撮影を行いました。フィルムには、路面電車に乗り遅れる人を救済するさまざまなパターンを考え、一つには閉まるドアに足を挟んで時間を稼ぐシーンがあったり、また横断歩道でたくさん車が走る車道に直面する場面では、車を止めるにはどうしたらいいか、という一人の少年の空想を表現し、横断歩道で踊ったり、旗をもって遮ったりなどユーモアあふれる発想で展開していました。

　これらの映画は、まず金曜日にあらすじを決めたり、コスチュームや必要なものをどのように進めていくかを考え、月曜日からすぐに取りかかれるようにおおまかなことを相談し決めます。木曜日の公開時にはすでに仕上がっていないといけないので、たった数日しかありません。準備、構想、撮影、編集など短期間での集中作業となります。大変な作業ではありますが、一般公開で放映後、拍手喝采を浴びたとき、その努力や苦労、喜びが実を結び、他者に認められた瞬間は素晴らしいものだったでしょう。

　また、プロジェクト企画書には、独自で企画したプロジェクトのコンセプトや授業の概要、進行を明確にしなければなりません。そして、希望プロジェクト申請書には選択した理由を文章で表します。どちらにも共通することは、いかに自分（たち）の意見を表現し、納得させるかが問題になります。申請という形式を使い、自分たちの意見をどのように述べるかを考えさせられ、将来へ繋がる実践がすでに始まっているかのようでもあります。

　さらには、自分たちで作ったものを売って寄付金を集めることについては、プロジェクト週間だけではなく、通常の活動でも行なわれますが、社会貢献に踏み出す第一歩ともいえます。

　最後に、プロジェクト週間は子どもたちだけではなく、教員、保護者や関係者などの大人にとっても共同学習の実態や達成感、そしてなりよりも一体感が体験できる場でもあり、普段以上の子どもたちの成長を見るよい機会ではないかと思います。このような体験を通して、子どもたちにはこれからも、より多くのことを学び、明るく朗らかに育ち、楽しい幼稚園、そして学校生活が送れることを願います。

第八章

プロジェクト幼児教育の実践
2歳児　テーマ『虫』

奈良市立都南保育園
保育士　勝山　なおみ

> プロジェクト幼児教育の理論を支える大きな柱の一つが、4つの段階を踏んで子どもの理解を深めていく短期サイクル理論があります。ジェフ・フォン・カルク博士の言葉で次のように表現されています。「1週目：概念を与える（具体的な説明をする）」「2週目：体験させる（見本を見せる）」段階です。中間レベルの表現は、比較すること、そして共通点と相違点を見つけることのように、抽象性がより高い表現です。この表現レベルは「3週目：知覚を使う（理解を広げる）」段階で使用します。さらに「4週目：関係性を理解させる（理解を深める）」段階ではより高いレベルの表現を使用します。これは関係性を見つけることを学び、物事の一般化（概念化）の基本を学びます。(注6)
>
> 勝山なおみ先生は2歳児からのプロジェクトを導入され、その子どもたちが3歳4歳となった同じ時期に同じ内容のテーマで学んでいます。これはプロジェクト幼児教育の長期サイクル理論です。
>
> （辻井　正コメント）

プロジェクト型カリキュラムに出会って

　20数年前、子どもの姿から「保育のスタイルを変えてみませんか。」と辻井先生にアドバイスをいただきました。それまでの保育士主導型で、子どもを一斉に、一緒に動かすいわゆる"一斉保育"に重きを置く保育から、子ども自身が自分で遊びを選ぶことが出来る保育環境（保育室をデザインする）に取り組み始めました。まさに子ども自らが"自己選択"と"自己決定"を行う子ども主体の保育への転換でした。
園として、環境保育が定着してきたころ「本当にこれだけでいいのか？何か足りないものがある様な気がする、それは一体何なのだろう？」という思いを抱きながら保育をしていました。

　そんな中、プロジェクト型カリキュラムの考え方（理論）に出会い、私自身が学ぶ機会を得ました。そして、「次に導入すべきはこれだ。」と確信しました。(注14) とはいうものの、初めはプロジェクト型カリキュラムの理論や展開方法を深く学べば学ぶほどうまく消化しきれないと言うこともありました。しかし「完全にわからなくても、とにかくやってみるしかない。学びながら実践していくうちに必ず理論と一致する瞬間があるにちがいない、今の状況を変えたいのなら今やらないといつまでたっても分からないし変わらない。」とプロジェクトブックを参考にしながら、最初は見よう見まねの中から徐々に保育士自身が考えたり新たなアイディアを出し合ったりしながら、具体的に取り組みを進めていきました。順調に見えますが、「本当にこれでいいのかな…」と悩みつつどうにかプロジェクトが定着し、今年2012年で4年目に入ります。
2009年5月プロジェクトについて各クラス合同で（2歳・3歳・4歳・5歳）どのように遊びのテーマを展開するか話し合った時、庭のあちこちにいる虫は2歳の子どもたちにとって大好きな遊び相手で、最も身近な存在のひとつであり、「ダンゴ虫探しに行こう。」「アリさんおった〜小っせえ（小さい）。」「ミミズ、にょろにょろや。」「てんとう虫、赤いのも、黄色いのもおるなあ。」「蝶々つかまえられへん。」等々、毎日の保育の中で朝から小さな入れ物や、網を手に虫探しをし、虫と遊ぶ体験を毎日していました。またでんでん虫の歌やカエルの歌、ちょうちょの歌も大好きで絵本や写真を見ている時でも口ずさんでいました。この

ような子どもの姿から、『虫』のテーマで進めるのが一番無理なく2歳の年齢でも自然にプロジェクトの展開が出来ると思い取り上げました。

プロジェクト型カリキュラムの実践
テーマ『虫』2歳児

第1週目
（1）導入：身近な虫への関心を広げる　（具体的な説明をする）

まず、"虫をたっぷり体験する"ことから始めました。

庭のあちこちで探した虫たちをクラスに持ち帰り飼育箱で大切に飼い、種類の異なる色んな虫が見せる様々な様子を具体的に（エサを食べる様子、食べた後のエサやうんちの様子、ガラス、床、板、紙等の上を這わす、虫めがねで観る、等々）観察することにしました。（写真左）

その他に、採ってきた虫たちにちなんだ絵本や写真、図鑑等を飼育箱の傍に置き、比べたり、調べたりできるようにしました。絵本の部屋（昼寝前に必ず絵本を読む時間）では、虫に関する話しや絵本を多く読み、子どもとのやりとりをしながら実体験と繋げていきました。また、子どもたちは自分のからだで虫を表現し始めました。「ダンゴ虫」では仰向けになり両手足をバタバタさせる子どももいれば、背中を丸め両足を抱え込みじっとしている子どもや、「アリさん」はからだを小さく小さく縮め、最後には自分の人差し指を顔の前に合わせて小さなアリさんを表現していました。「ミミズ」では腹這いになりにょろにょろという言葉と共に動いていたり、「カタツムリ」はチョキの手を頭の上にのせ角を作ったあと、かがみながらゆっくり動いたりしていました。「てんとう虫」では、両手を大きく広げて飛んでは止まる等の表現も楽しみました。

保護者へは、まず5月のテーマが『虫』であることがわかる様に部屋の入口や部屋の中に掲示をして知らせました。（写真左）保護者と園とのやり取りの一つであるつぶやきノート（毎日保護者と交換）には虫探しの様子やエサをあげる時のやりとり等、子ども達ひとりひとりの虫への反応や言葉を書いて返し、家でも虫に関することをどんな些細なことでもいいのでやり取りをしてほしいということをお願いしました。ある日のサークルタイムで、一人の子どもから「家で出てきたゴキ

ブリをママが履いていたスリッパで叩き潰した。」という武勇伝も聞かれ、クラス全員が自分の家ではゴキブリが出てきた時どうするかなどで話が膨らみ大爆笑をしたというエピソードもありました。

　また、プロジェクトではそのテーマが終わるごとに各クラス、どんな取り組みをしているのかを、ドキュメンテーションと言って写真と言葉で子どもの様子やねらいを保護者に知らせています。

部屋の発見コーナー（テーマの空間で毎月変化する）には、保育士が色々な素材を使って庭や草むら、子ども達が毎日遊んでいる身近な虫を（ダンゴ虫、てんとう虫、トンボ、ミミズ、アリ、カタツムリ、蝶々等）作り、それらの絵本や写真も傍に置き、子ども達に虫ということがより感じられる様にしかけておきました。（写真左）

このコーナーをしかけて次の日、そのコーナーの草むらで「あっ、ダンゴ虫おった！」と言って庭で虫探しをするのと同じくらい良く遊んでいました。（写真右）
また、虫の家にいる本物の虫と比べて「一緒やー。」や、「（こっちのほうが）大きい。」等のやり取りが子ども同士の中で出ていました。

第2週目
（2）園庭で虫を探す（見本を見せてあげる）
自分で虫探しをして、カタツムリ・てんとう虫・あお虫・ダンゴ虫・アリ等々…
虫の家に入れてあげて、様子を見ながら、えさをあげ、丁寧に飼う。
子ども達は朝から庭に出ては虫探しをしました。2人、あるいは3人でいつも誰かと一緒に、子ども同士でやり取りをしながら毎日虫探しを楽しみました。

「隅っこにいっぱいおんねん。」「ほんまや。」 　　　「俺が採ったるわ、待っときや。」「うんっ。」

園舎の裏の方まで、探検しながら虫探し。
小さなバケツにざるでフタをしたお手製虫入れを持っています。

「アリさん何か持ってる！」

「アリさん小ちゃいなあ。」

「アリさんどこ行くのぉ？」

（園庭の裏へ）

枯葉の下にいた虫を見つけ指先で丁寧に一匹づつ、つまんでバケツの虫入れに入れていました。

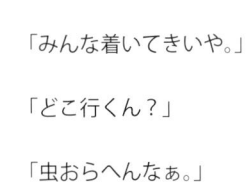

「みんな着いてきいや。」

「どこ行くん？」

「虫おらへんなぁ。」

「あっ！葉っぱの下にいたっ！」

「ほんまや。」

「とらんといて！俺が採る！」

2人で顔を近づけて、じっと食い入るように 小さな虫をみつめていました。
ここから中々動かない虫とのにらめっこが始まりました

「おった！」

「これ何の虫や？」

探して来た虫は、ダンゴ虫、てんとう虫、アリ、ミミズ、あお虫、等々‥
別々にそれぞれの虫の家に入れて毎日エサを上げながら様子を観ました。毎日の虫探しで虫の家はたくさんの虫達でいっぱいになりました。

「採った虫は、虫の家へ。」

「大事にしてあげましょうね。」

第3週目
（3）体験したこと見つけたことを話し合う（理解を広げる）
いろんな虫がいることを知り、①、②、③の様子を見る。
　①カタツムリのうんち…キュウリを食べると、みどり色のうんちをする。ニンジンを食べると、オレンジ色のうんちをする。
　②あお虫のうんち
　③あお虫が変わっていく様子（蝶々になるのを楽しみに待つ。）

ある雨の朝、担任が家の近くでたくさんのカタツムリを採ってきてくれました。園まで持ってくるのではなく、
傘をさして駐車場まで新しい"お客さん"を迎えに行こうということになりました。

「こんにちは。カタツムリさん。」

「ようこそ、ぱんだぐみへ〜！」

「いっしょにあ・そ・ぼ！」

* 98 *

自分たちで迎えに行ったカタツムリを虫の家に入れてあげ毎日にんじんや、きゅうりを上げました。
食べている様子や、食べ終わった後のにんじんやきゅうりも観ました。

「うごいてるー。」

今日のエサはにんじん！
みんな興味津々でどうなるのかをのぞきこんでいます。

「にんじん、たべてねー。」

カタツムリがにんじんの上に這い上がり、にんじんを食べている様子を見ました。
食べた後のにんじんは、食べた後がわかる様にえぐれていました。

翌日、前のエサのにんじんをきゅうりに入れ替えて上げる際、カタツムリが前日に食べたにんじん色（オレンジ色）のうんちをしているのを発見！
大喜びの朝でした。

「にんじんうんちやー。」

「きれいなあ。」

「ほんまや。」

「今度は、きゅうり、あげてみようか。」

カタツムリが食べる前のきゅうりを子ども達に見せています。にんじんよりもやわらかいきゅうりは食べた後の様子がとてもよく分かります。

「きゅうりうんち！」

「みどりや。」

「グリーンうんちやっ。」

こんなにスカスカになるまで、食べました！！

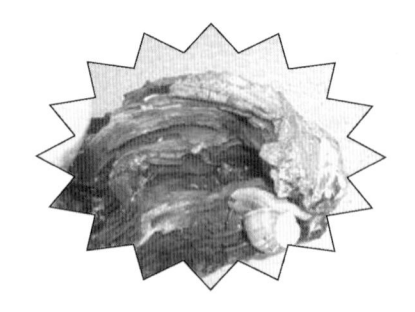

カタツムリのうんちの色を毎日見て、本や写真と比べました。

「同じや。」

※登園の遅かったJ君は、ある朝家でいつもよりも早く起きて来て「カタツムリのうんち見るから早く保育園行くねん。」と母親に言ったそうです。その母親も「カタツムリのうんちの色ってどれ？」「家でもJ、毎日カタツムリのうんちの色のこと喋るねん。」と言いながら一緒にカタツムリの家を覗き込んでいました。早く登園して来たJ君が見たのは、ニンジンを食べた翌日だったのでオレンジ色のうんちでした。本を指さしながら「いっしょや！」と大喜びでした。

エサをかえてあげる時、うんちの色を見て何を食べたのか当てっこをしています。

「これ食べてんなぁ？」

〈あお虫を見つけました。〉

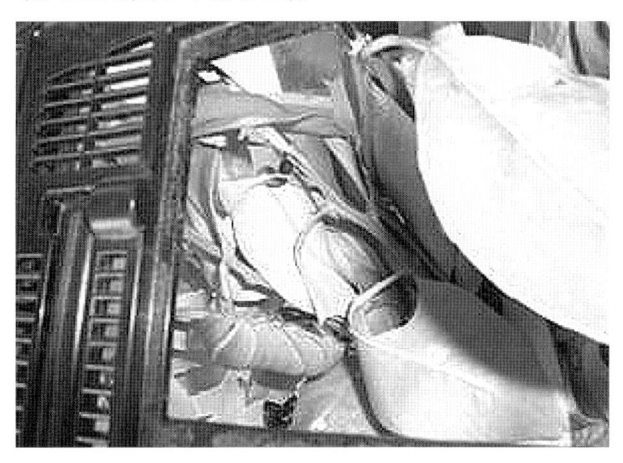

プールのそばの木の葉に毎年あお虫が生まれます。
大きなあお虫はまさに絵本「はらぺこあおむし」そのものです。

「はらぺこあおむしやっ！」

とにかく食欲旺盛なあお虫。
あっという間にみかんの葉やキャベツの葉を食べつくしてしまい「なんぼよう食うねんっ。」と子ども達もその食欲にびっくりです。

「はっぱいっぱい食べてね。」

食欲旺盛なだけあって、小さな丸いうんちを毎日いっぱいします。カタツムリのうんちとはまた全然ちがうので、カタツムリとあお虫、二匹のうんちを毎日見比べていました。

「うわっ！うんちいっぱいや！」

「きったねー。」

「黒いうんちや！」

さなぎになると、動かなくなり、エサも食べず、うんちもしません。そしてこのサナギも何日か経つと美しいアゲハチョウになり、子どもたちに見おくられ飛んで行きました。ずっと世話をしていたあお虫が蝶となり飛んで行く瞬間は「うわぁ。」と歓声を上げながら飛んでいく蝶に手を振っていました。

（いっぱい食べて、さなぎになりました。）

その後も、絵本「はらぺこあおむし」を読むたびに、子ども達はこの時の体験がよみがえるようで、絵本の各ページの出来事を指さしながら何度も「いっしょやな。」の声が聞かれました。

第4週目
（4）虫になって遊ぼう（理解を深めてあげる）
ひとりひとりが「〜の虫になる」といって、好きな虫になって遊びました。自分の好きな虫の型に、色えんぴつやクレヨンでなぐりがきをしたり、色テープをはって「自分だけの虫」を創りました。

◇ "虫になってあそぼう"

「Yちゃんはカタツムリやねん。」「S君はアリさんやねん。」「D君の虫は何？」　と会話しながら、D君の虫作りを見ています。

保育士も毎日のように一日中虫になりました。
孫を送ってきたおじいちゃんが、蝶々になった子どもと保育士を見て「ホンマにおもしろいわ。」と笑いころげていました。

新しく探してきた虫の動きを見ているところです。
てんとう虫になっているYちゃんは、すばやい虫の動きにびっくりして後ずさりしてしまいました。

カタツムリになったAちゃんと、てんとう虫のYちゃん。色々な遊びをする時も食事の時も自分で創った虫を一日中背負って楽しんでいました。

◇制作をする

たっぷり虫を体験した後、大好きなてんとう虫とダンゴ虫を共同制作しました。

「赤い色を塗り塗り。」

「何ができるのかなぁ。」

虫の足を一本ずつ付けているところです。

記録法（ドキュメンテーション）

大きなてんとう虫の完成です。てんとう虫の後ろの写真は保護者に1ヶ月間のテーマの様子を知らせるための記録法（ドキュメンテーション）です。

毎日一番たくさん探したダンゴ虫も創りました。ダンゴ虫の家の横に置いて大切にしています。

（5）保護者との関わり（保護者プログラム）
（この時は2週目に保護者プログラムの一つとして下記の取り組みを取り入れました）

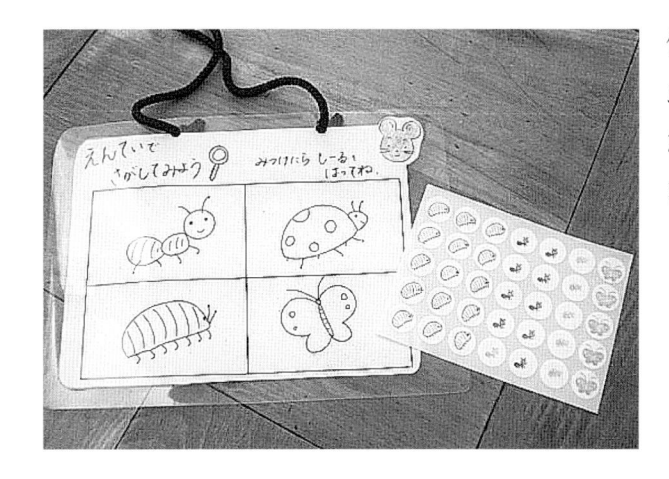

保護者参観の日に、保護者も子ども達と一緒に園庭で虫さがしをしました。虫をみつけると、保育士が作ったアリ、てんとう虫、ダンゴ虫、蝶々のシールを貼ります。

見つけた虫を手のひらにのせて子ども達に名前を聞いている保護者です。

「この虫の名前は何？」

「これはな、ダンゴ虫やで。」

「見せて、見せて。」

見つけた虫の名前を確認しながら一緒にシールを貼っています。

「ママ、すごいな。虫、手で触れんの。」

汗をかきながら保護者も一生懸命子ども達と虫探しをして楽しんでいました。

「ここにペッタンしよか。」

「うん、いっぱいやな。」

◇プロジェクト型カリキュラム指導案の作成

	2歳		5月のテーマ			指導案の作成	
発達の領域	知覚・感覚の発達	主となるテーマ	自然	遊びのテーマ	外に出よう（虫と遊ぼう）	ねらい	触れて感じる「みーつけた」
	第1週 方向付け	第2週 見本を見せる		第3週 理解を広げる		第4週 理解を深める	保護者プログラム
ねらい	身近な生き物・虫に触れることを楽しむ。	虫探しをし、触れたり観察したりすることで、虫を知る。		虫を大切に飼う。野菜を育てる。		身近な虫を作る。	
こどもの活動（保育の様子）	・発見コーナーの小さな生き物などを手にとって遊ぶ。 ・園庭で虫探しをする。	・園庭や散歩に出かけた時、虫を探したり触ってみる。 ・虫探しカードを持ち、園庭で虫をみつける。		・飼育ケースの虫を観察する。 ・画用紙に色をぬったり、紙をはったりして虫をつくる。 ・トマトの苗を植える。		・あお虫がちょうちょになると逃がす。 ・はりこに色をぬったり、足や目をつけていき、てんとう虫・だんご虫を作る。 ・トマトにみずやりをする。	・保育参観日 虫のカードを違い、いっしょに虫探しをしてもらう。
環境	・小さな生き物や虫などを発見コーナーにしかける。 ・虫のカードや絵本も用意する。	・飼育ケースや虫めがね。 ・虫探しカードとシールを作っておく。 ・飼育ケースには絵や写真をつける。		・いろいろな形（色）の紙や虫のぬり絵を用意 ・一人ずつの立札を作っておく。 ・トマトの苗・植木鉢・土を用意する。		・虫作りの用意（はりこ・絵の具・筆など）	
使った絵本・歌	『きんぎょがにげた』 『ぼく だんごむし』	『てんとうむし』 『はらぺこあおむし』		『ありこちゃんのおてつだい』 『かめのこうちゃん』	『ざりがにのあかくん』 『かたつむりののんちゃん』		・うた 「かえるのうた」 「かたつむり」 「ちょうちょ」
配慮	・ねらいに気づけるよう虫に関することなど、言葉がけを丁寧にする。 ・子どものつぶやきをしっかりと聞いていく。	・つかまえた虫は大切に飼うことを、保育士を通して感じてもらえるようにする。		・虫をつくりながら、トマトの苗を植える時、子どもの言葉や感じたことを丁寧に受止めていく。		・虫作りをしながら、虫の色や形のことを言葉がけしたり、つぶやきを大切にする。	
子どもの反応	・発見コーナーの生き物をさわったりしながら、知っている虫の名前をいったりしていた。	・園庭で虫探しをしたり、飼育ケースの中の虫を見たり触ったりした。見つけた虫のシールをカードに貼った。		・トマトを植えると、自分のマークを喜んでつけていた。 ・虫作りをしながら「これは・・・」と話もはずんでいた。		・「これ何？」と興味を持ちながら色ぬりをした。 ・あお虫がちょうになったことに驚いていた。	
評価と反省	・発見コーナーで遊んだり見たりすることで、今月のテーマをはっきりすることができた。	・飼育ケースに必ず絵をつけ、絵本や図鑑も用意することができ、じっくりと観察できている。 ・親子で虫探しをしてもらうことができた。		・自分のトマトがあることで、水やりも喜んでしてくれている。 ・虫に関して言葉（つぶやき）で表現しながら制作できた。		・絵の具を使うことは初めてだったので、とても喜びとりくめた。 ・少しずつ出来上がるごとに「これてんとう虫？」「だんご虫？」と会話も楽しむことができた。	

※各クラス、毎月のテーマごとに、プロジェクト指導案を作成しています。

どんなねらいで、どんな発見コーナーを作り、その時のテーマで使った絵本や歌、そして保護者プログラムで何をしたか等、次年度に行う際の参考にもなります。

◇『虫』のテーマが終わった後も、登園して来ると、それぞれが自分の作った虫を一日中背負い、部屋でも庭でも遊んでいました。

また、全員で制作をしたてんとう虫とダンゴ虫は秋までずっと大切に部屋に展示をし、わくわくカーニバル（運動会）で子どもと保護者の競技に使用し、子ども達自身半年間馴染みのある虫達と楽しむことが出来ました。

◇一年が過ぎ、このクラスが３歳になり春めいたころ、冬越しをしたカタツムリ達が冬眠から目覚め飼育箱の枯葉と土の下からのそのそと動きだし、エサを入れてあげると、しっかりと食べ始めました。
　冬越しをして生きていたことに感動でしたが、より感動したのは、小さな、小さなまだ身体が透き通っている赤ちゃんカタツムリがたくさん生まれたことでした。子どもたちは「すげえ！」「赤ちゃんいっぱいやー。」「ちいちゃいのにカタツムリの形してるなぁ。」「つぶれそう。」「小さいけど角あるなぁ。」「ちっちぇー。」等と様々な言葉が聞かれました。そして大喜びと共に、不思議そうに見入っていました。
　３歳クラスになったＪ君はある日、カタツムリのオレンジ色のうんちをじっと見て「Ｊこれ知ってる！前にもみたことあるもん！」とキラキラ目を輝かせ感激し、興奮気味に言っていました。
　その瞬間、彼の中には１年前がよみがえっていたに違いないと確信しています。
　そのＪ君の言葉にプロジェクトの醍醐味のひとつはこれなんだ。（子どもが以前にも体験したことがある、見たことがある、感じたことがあるいう記憶や感覚的なものをまたどこかで思い出したり、頭の中で繋がったりする）このプロジェクトの短期的、長期的に同じテーマを扱うことの意義を私自身がＪ君から学びました。また、保護者も保育に具体的に参加してもらう（保育内容を保護者と共につくっていく）、ということもこのプロジェクト教育方法のすばらしさです。
　今年４年目に入り、毎月のプロジェクトのしかけに使う素材も少しずつストックできるようになりました。保育士もリラックスしてプロジェクト教育法を行えるようになってきたと感じています。単なるやり方だけでなく、深い理論に基づいてより質の高い実践ができるようにしていきたいと思っています。

第九章

プロジェクト幼児教育の実践
『数』を学ぶ

帯広ひまわり幼稚園園長　佐藤　みゆき

　早くから読み・書き・計算を学習していた子どもが、小学校3,4年になると、計算問題につまずくだけでなく学習意欲にも欠ける子どもが増加している「10歳の壁」が大きな問題になっています。（NHKクローズアップ現代）

　速読計算や暗記には強く、10本の指で数えることは素早いが、10本を超える計算になると計算できない。3年生ぐらいからのちょっと複雑な計算や文章題がわからない、問題ができないというよりも問題の意味がわからないからやらないという意欲のなさを意味しています。数や文章の意味という概念形成ができていない幼児期に、数字だけを取り出す計算や、漢字の意味を理解することなく、すばやく読める能力だけを伸ばす教え方に走る、一部の幼児教育のあり方に問題があるといわれています。

　小学校に行くまでに身につけさせたい、数の意味や言葉の意味（概念と呼ばれています）を身につけるプロジェクト型カリキュラムの数（かず）学習の順序

- 比べること。1対1の比較と間接的な比較です。コーラのコップやスプーンなど、物を皆に配ることによって学びます。
- 数えること。（10まで数える、20以上まで数える）、秩序立てて数えること（5ずつ、10ずつ）、短縮して数えること（2、4、6、8、10）秩序のあるなしで数えるための素材はたくさんあります。（また各種の教具もあります。）
- ひとつ多い、ひとつ少ない。数えることの最も大切な原則のひとつで、子どもが数を理解できるようになります。丸点を書いたカードや数える素材など、多くの具体的な素材を利用して学べます。
- グループ化すること。（2、5、10はグループ化することを学ぶ基本です。そろばん、指、その他の数える素材を利用できるでしょう。）
- 数字を並べることと数字の列（10は4と6、10は5と5、10は2と8、5は6より小さく4より大きい、6は4と8の間にある）。
- 見たまま数えること。（袋にリンゴが5個、別の袋には3個）。日常使用するものや活動を背景として利用できます。
- 秩序立てて数えること。実際の足し算、引き算まで、各種の物や保育素材を使って行えます。（比較用のひもで比べること、丸点を書いたカードを使うこと、数字と記号）
- 長さや重さをはかって量を扱うこと。一般的なもの（棒）や目盛りのついたもの（物差し）で長さをはかることを学びます。様々なはかり（大まかなものと精密なもの）で重さをはかることを学びます。一般的なもの（バケツ）と目盛りのついたもの（計量カップ）で中身をはかることを学びます。お店、マーケット、交通機関など、様々な状況で長さや重さをはかります。（辻井　正コメント）

一斉保育からプロジェクトコーナー保育へ

20年前、一般的な幼稚園型の一斉保育から環境を整えるプロジェクト型コーナー保育への大きな転換は、子どもたちにとっては簡単な変化でした。一斉保育では、味わえない大好きな遊びをたくさんすることができるわけですから、幼稚園へ行きたくない子どもはなく、毎日楽しいとおうちでお話をしているという声がたくさん聞かれました。遊ぶための環境の充実は、子どもの心を満たしてくれるので、生き生きと落ち着いた子どもたちの生活に変わっていきました。また、それまでは大人の指示を待ちながらの生活から、子ども達が理解しやすい幼稚園の日課に編成することで、子どもが自信を持った幼稚園での生活に変化し、明日も沢山遊べることの保証は子どもたちに大きな変化をもたらせました。

子どもはやっぱり遊びで育つのだと思いながら、夢中で楽しく友達と遊ぶ子どもたちの姿を見ていたことを思い出しています。

さて、大変なのは大人の側でした。

一斉からコーナー保育に変えることは、考え方を変えなければなりません。

今、振り返り、子どもの育ちを考えれば当たり前のことですが、その当時、子どもの内面を見る保育への転換は、私たち大人に大きな立ち止まりを求められました。また、一斉は保育者主導で教えることが多く、1日の流れは保育者が決めて進みます。1日の計画を進める大人のエネルギーは莫大でした。

一方コーナー保育は、子どもの自主性を育む教育ですから、子どもの育ちを考えて進むため、1日の流れ方や時間の工夫、課題の工夫が必要となり、子どもの為に環境を整えることや子どもの気持ちの理解へのエネルギーが莫大です。

一斉保育からコーナー保育に変えて、先生たちの「子どもが見えます。」という声を聞いた時は一斉からコーナーに変えて良かった！と思う瞬間でした。

それからいつの間にか月日が過ぎ、子どもを取り巻く環境が大きく変わり、子どもたちの育つ環境が厳しくなった昨今、子ども自身が遊びから多くのことを学び育っていくための環境を整えるプロジェクト型コーナー保育への変換は、子どもの土台作りに大きく貢献している実感を持ちます。

時代を見据えた変換となりましたが、子どもは今も昔も変わらず、また国が違っても変わらず、大きな可能性を持っていることを、子どもの遊びを通して無限の可能性を実感しています。

プロジェクトテーマ『数える』を取り上げる

言葉と数は同じ表現方法

　近年の学生や社会人において、コミュニケーション能力の低下がささやかれるようになってから、歳月が経っています。しかし、改善されている様子がなくコミュニケーションの欠如と思われる出来事が起きています。人と人との関係づくりにコミュニケーションが欠かせません。では、コミュニケーションはどのように作り上げられていくでしょうか？それは、当然のこと、人の言葉によって関係が作られていきます。ここで、私たちは言葉と数について、幼児期にしっかり触れることが子どもたちの成長に大きく貢献することと考えプロジェクトを取り入れました。

　では、言葉とはなんでしょう。言葉は気持ちを伝えるための表現方法です。
では、数とはなんでしょうか。数は個数を表す表現方法です。もし、数という概念がなかったら私たちの生活の中で、数を表現することはできないですから、不自由な表現になることが多々出てくることになります。子どもたちは生まれた時から数学の世界で生きています。「母乳をほしい、ほしくない。」「おしめがぬれた、ぬれてない。」から、子どもの思考能力が働いています。私たちは当たり前すぎて気づいていませんが、私たちの周りは数量（学）の世界でかこまれています。まわりにある数量の世界から数を表現する言葉がうまれています。数学的な思考が育つことは、子どもの言葉が増えるため、コミュニケーション能力が高まりますので、子どもが生活の中で使える言葉での表現が豊かになり、子どもに数学的な思考を高めることになります。子どもにとって大切な数学的思考力ですが、子どもに押しつけて教えるわけにはいきません。子どもが自ら学ぶときは、子どもが不思議なことに出会ったときです。不思議なことに出会ったとき、子どもの興味や関心が子どもの知りたい心を動かし、たくさんのことに気づき学んでいきます。

　では、子どもが不思議に思うことはどんなことでしょう。それは、草・木の葉っぱのことだったり、土のことだったり、水の性質のことだったり、石の性質のことだったり、…私たち大人には当たり前に通り過ぎることばかりが、幼い子どもたちには不思議なことです。

　数についても同様に、私たち大人が当たり前に知っている数量のことが、子どもたちには大切な数の入り口です。子どもたちは生活の中にあるたくさんの数量と出会っています。数といえば学校で行っている系統的な足し算や引き算、そして、掛け算や割り算などにつながる学習的なことと考えてしまいます。
しかし、数について、私たち大人は大きな誤解をしていることに気づきました。数は、数学的思考能力を育てること、そして、数学は人の思考能力を育てることです。学校での学習に使う数と、それ以前に、子どもたちの周りにある数量の創造的な数について、私たちがしっかり気づき、幼児に関わる数との出会いが、その後の学校の学習に大きな影響を与えることを、子どもたちから学びました。子どもたちが楽しい創造の世界で生きている幼児期に、子どものまわりにあるたくさんの数量の世界の不思議に気づき、楽しく数の概念に触れていくこと、このことが子どもたちの言葉を広げ、子どもたちの興味関心を広げてくれます。数の世界にたどり着くためには、子ども達がしっかりと通らなければならない道があり、この道を通っていくとき、たくさんの不思議から、子ども自身が数の概念を楽しく学んでいくことが大切と考えました。数は言葉の一表現であるため、数の概念は私たちの会話をスムーズにするために大切な表現の言葉です。幼児が数に触れていくとき、幼児が使う言葉が大切な数の概念に役割を持ちます。

安心して遊べる環境と数理解

　子どもが数量を学んで行くためには、子ども自身の心の安定が大切なこととなるため、入園した時から、幼稚園生活での心の自律を促すための取り組みを進めます。子ども自身が自分を肯定的に見つめられることを大切に考え、また、子どもの自律を目指し、困った時に使う言葉、助けて欲しい言葉のやり取り等を、子どもは大人を通して習得していきます。

子どもは自分でできることに気づき、自分で発する言葉の力を子ども自身が実感する所に数の入り口があります。また、私たち大人が子どもに肯定的に接することから生まれる自信の目は、子どもが自律に向かっていくための、安定した精神を与えてくれます。この安定した精神は、子どもの興味や関心に大きな貢献をしてくれます。

　昨今、子ども達の学力が低下したことが騒がれていますが、子どもは、今も昔も変わらず不思議なことが大好きです。数との出会いは言葉との出会いです。算数の入口である数に向かって、温かくやわらかい言葉との出会いを切り口に、楽しい算数を学びたいと願い幼稚園でのプロジェクト型カリキュラムを進めています。子どもにとって、数の習得は遊びを通し、また生活の体験から気づき学んでいくことが大切なことと認識しています。けっして教科として教えてはいけないことと考えます。

プロジェクトのねらい

　①生活習慣の定着にむけて。（言葉から…言葉と行動の一致）
　②比較と集合の理解。
　③整数の理解。
　④序数の理解に分け進めます。

プロジェクトへの準備

　・くだものの大小レプリカ
　・動物のミニチュア
　・○△□の積み木などの教材・教具の用意
　・ホワイトボード
　・生活習慣のマニュアル作り
　・幼稚園のカリキュラムのリニューアル
　　　　幼稚園全体のテーマ・課題を整理

プロジェクト型カリキュラムの『数』の展開

> ものを加え、取り除くなど彼らは先ず数の認識、または数に関する全般的な洞察システムを発達させます。この能力は、視認記憶および視覚記憶に強く関連しています。それによって、子どもは全体的な数を見積り、合計結果をそこそこ理解できるが、正確にではありません。第二のシステムは、数の正確な認識、算術的操作、および記憶への正確な貯蔵のために割り当てられた正確なシステムです。赤ん坊たちは既に全般的なシステムを発達させています。彼らは既に、二つの物体の組合せと、三つの物体の組合せの違いを理解します。言語システムの発達は、3才あたりで数を数えることで始まります。子どもが数を数えると、その組合せは一つの列において、突然一つの正確な数および正確な位を理解します。（Sarnecka & Gelman, 2004）辻井　正コメント

1 《生活のマニュアルから》

○親元から離れた入園の頃、子どもが泣くのはなぜ！！

　子どもは困っています。子ども自身が困っていることを伝える言葉がわかりません。だから泣くのです。

　子どもが困ったときに泣かなくてもいいように、困ったときに使う言葉を伝えます。

　「手伝って！！」「○○してください。」この２つの言葉がキーワード

↓

（伝えたら困ることが無くなることへの理解へ）

↓

自分のことが自分でできる

（生活のマニュアルが活躍、子どもが学ばなければならないことの流れを全教師が同じように伝えることで、子どもと教師の共通理解へ）

↓

心の安定へ

（遊びへの広がり）

生活習慣マニュアル

新しい環境に入ったとき、子どもの戸惑いを少なくするための工夫。

　子どもに関わる大人が、バラバラな指導方法で子どもに関わっていくと、子どもの習慣が定着しにくい状況を作ってしまう。

　そのため、園にいる大人が共通理解をし、子どもたちに戸惑いを持たせないようマニュアルに沿った声をかけていくことで、子どもの理解が早くなり、子どもが自信を持って園の生活ができることに貢献してくれる。

（例）
【年少　生活習慣　「くつの着脱」】
・登園し、玄関に入り、座って靴を脱ぐ
・脱いだ外靴を持ち、自分のマークを探す
・外靴を下駄箱に入れ、上靴を出す
　※マークと名前のついている下の下駄箱に入れる
　　（上に入れてしまう子がいれば、「マークの下が○○くんの場所だよ。」と伝える）
・上靴を履く
　※ひもがついていると指を入れてひっぱると履きやすい。
　※ひもがなく履きにくそうにしている子の親に連絡をし、ひもを付けてもらう。
　※履きにくく困っている子には、すぐに手伝わずカラー積み木に座って履いてみることを薦める。

保育者の援助
・自分のマークを探す援助をする
　手伝ってほしそうな時は、「大丈夫？困ったら教えてね。」などと声をかける。
　子ども自身で「困っているから手伝ってほしい。」ということを口にして表現する練習でもあるので見守る。
　頑張って一人で出来た時は、出来たことを認め自信へ繋げる。

☆幼稚園内のしるし

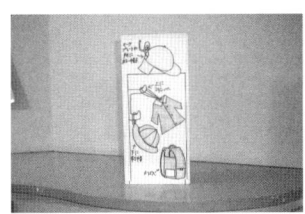

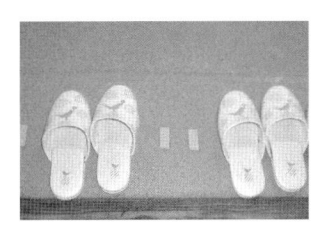

お誕生月　　　ロッカーの使い方　　　トイレのスリッパ　　　個人のロッカー

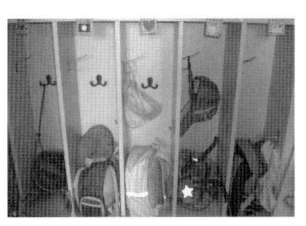

外の道具　　　　　　　　　　　　　　洗濯の分別

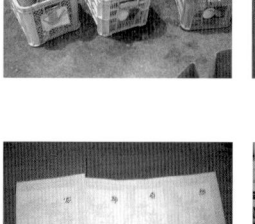

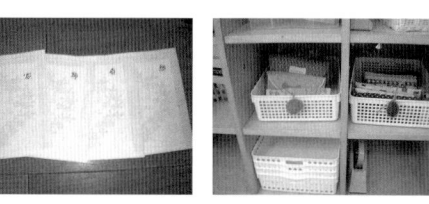

手紙を書く　　　年長　　　年少　　　道具

テーマ

2　比較と分類の理解

　キーワードは、言葉と未測量の表現の一致です。
　教師が使う言葉で子どもの言葉が広がっていく。

　　○比較
　　　おおきいね・ちいさいね　　たかいね・ひくいね
　　　ひろいね・せまいね　　　　ながいね・みじかいね…

　　○分類
　　　集合づくり（特徴が同じものの集まりづくり）

子どもが数の概念を習得していくためには…
生活体験から認識・習得していくことが大切な事。

114

3　整数の理解

　1・2・3・4・5・6…

　10が1つ　　　10のかたまりが2つで20

　　3歳　　1・2・3　　後はたくさん
　　　　　　1つのもの　　2つのもの
　　　　　　　鼻が1つ　　目が2つ　　動物の足が4本…
　　4歳　　4・5　（6までの認識）
　　5歳　　10までの認識（小学校前までに認識）
　整数の性質を理解したうえで、順序数の理解に進む

4　序数の理解

　何番目　　　　3番目…
　　「～番目のカードをとってみて。」
　　「～の前にそのカードをおいてみて。」…など

5　プロジェクト後の子どもの反応

保育者から提供された題材を、子どもたちは生活の中や遊びの中でどんどん展開しています。
『水』のテーマから、水を吸い上げることに気づいた子どものひとことです。
庭でお花に水をあげているところに、子どもがやってきて

　　子　「おはなにおみずをあげてるの！！」
　　保　「そう、おはなはみずをあげなきゃ　かれちゃうからね。」
　　子　「おはなはみずをすいあげるんでしょ！！」
　　保　「え～よくしってるね。おはなは　みずをすいあげるんだよね」。
　　　　「どこですいあげることしったの？」
　　子　「サークルタイムでせんせいがおはなししてくれたよ。」

このように会話が増えました。

また、数については家庭に帰って言葉にすることが多く、保護者から「幼稚園で学んできているのがよくわかる、普段使っていない言葉や数が子どもの口から聞かれる。」と話をしてくれます。

また、数の数え方にも変化がみられ、数のみで表現していたことに単位がつく様子がみられます。また、日常生活の大人とのやりとりで、物を取りにくる時「5下さい。」から「5枚だよね。」と確認してくる子どもや子ども同士で単位の確認をしている場面がよくあります。

クラスの食事時に使うテーブルクロスに関わり、大きいクロス3枚、小さなテーブルクロス4枚、お当番さんが職員室へ取りにくる場面が毎日あります。この時の2つのグループの対比がとても興味深く、あえて高低に大小を組み合わせ、そこに一捻り高い方が小さいテーブルクロス、低い方が大きいテーブルクロスと設定してみると…

子どもたちは大きいテーブルクロスの認識から、背の高い方が大きいテーブルクロスと認識する子どもが多くいます。

2つのグループ大小と高低の対比の中で、積み上げが低く、でも面積が広い方を小さなテーブルクロスと子どもは認識します。

あえて2つの対比を尋ねてみるとほとんどの子ども達は面積に気がつかず、高さから大きいテーブルクロスと判断します。

そこで、よく見るように声をかけると、ほとんどの子ども達が「あ！低い方が大きい。」と気づきます。

このような経験を日常の園生活の中で繰り返し経験することで、年長くらいになってくると高さに惑わされることなく自分の目でしっかりと判断をするようになっていきます。

子どもの知らない表現を子どもの中に取り込むためには、大人が気づき関わることで子どもの中に言葉や算数の世界の広がり方に大きな変化が出てくることが、家庭や子ども達の様子から感じています。

6　保護者にどうのようにプロジェクトを伝えたのか

保護者に伝えていること

○保護者にわかりやすい冊子づくり。（プロジェクトの意味）

○幼稚園全体で月や季節の課題がきまっていること。

○3年間のプログラムで目標の課題をクリアするシステムをとっていること。（年齢に応じた課題）

○幼稚園全体で月のテーマが決まっているため、テーマに添った環境作りをすることができる。（年齢による理解のサポート）

・園児が通るフロアーに、テーマの提示とディスプレイ。

・廊下や窓辺の環境構成。

○各クラスで行ったサークルタイムの様子をその都度トピックスで保護者に配布する。

○参観週間を利用し、保護者に様子をみていただく。

・年長は1週間の参観で1つのテーマを披露する。

・月曜日から金曜日までのプランを保護者に知らせる。

・週の途中で参観する保護者には経過がわかるよう様子を表示する。

・2学期保護者参加型で参観を進める。

※年少・年中は遊びや生活の体験から習得することを中心に置きながらも、教師から子どもたちに伝えたいことは、短い時間のサークルタイムの中で伝え、子どもたちの遊びにいれてほしいことの提示をしている。

（保護者に伝えるプロジェクトの内容）

（プロジェクト終了後プロジェクトの内容を廊下に展示する。）

第十章

プロジェクトが運動会（スポーツデイ）になった

三重県　四日市市　あおい幼稚園園長　田中　真美

> 行事が近くなってくると"保育者は行事の為に何かをしなければ"と考えてしまいます。それは、その行事を迎える為の単発的な内容です。"子ども達が興味を持って取り組めるように"とは思っているものの、日々の準備や生活に追われてしまい、その事を忘れてしまいがちになる事も多いと感じています。と田中園長先生は書いておられます。しかし、行事は子どもたちにとっても、保護者にとっても楽しみな発表の場です。家庭では見られない子どもたちの心身の成長を感じられる場面や、友だちと協力しあう素晴らしい姿が沢山見る事が出来ます。ですが、その行事への取り組みが、保育者の一方的な話しだけで進めていけば、子どもたちは「何をしているのか分からない。」「言われた事をやっているだけ。」と感じていて、"内容的には立派な表現であっても本当は子どもたちの心には響いていないのでは"と感じています。と率直なお言葉に、行事主義に流されないでプロジェクト型カリキュラムを年間の流れに定着させているあおい幼稚園の努力が見えるようです。（辻井　正コメント）

プロジェクト第１週目
自分たちが住んでいる"地球"を知ろう（具体的な説明をする）

　子どもたちに「宇宙って？」と問いかけると、テレビやコマーシャルの影響からなのか、「ロケットが飛ぶ。」「ワレワレハウチュウジンデアル…」という喉に手を当てて震えた声を出して遊ぶ宇宙人など、ほとんど同じ返答が返ってきました。また、実際に"宇宙"へ行った事がない保育者が、子ども達に話しても、内容が漠然とし過ぎて、「宇宙に行ったみたいにフワフワと歩いてみよう。」「流れ星になって走るよ。」と遊びの誘いかけも、イメージが膨らまず、心からの表現になっていない事が保育の中で感じられました。

　そこで、自分達が住んでいる"四日市"、"日本"は"地球"にあり、その"地球"は"宇宙"にあるという事に繋がっていくための第一歩として、プロジェクトコーナーに地球儀を飾りました。また、壁には、世界地図と宇宙のポスターを飾りました。世界地図では、地球儀で知った国を平面の地図で確認したり、日本と比べたりできるように、宇宙のポスターでは広い"宇宙"に浮かぶ"地球"や他の"惑星"が発見できるようにしました。

写真１：四日市を探しているところ　　　写真２：世界地図と宇宙のポスター

子どもたちはプロジェクトコーナーの地球儀を見つけると、それが地図である事に気付いたようで、「どの辺に四日市があるのかな？」と自分達の住んでいる所を探し始めました。「四日市は日本にあるんだよ。」という友だちとの話の中で、次は"日本"を探し始めました。しかし、地球儀や地図で示す日本の小ささに驚き、地球儀の大きさによっては、日本が見えにくいなど、様々な発見が出始めました。そして、「なんで、こんなに小さいの？僕の家は大きいよ。」「幼稚園だって、外（園庭）もプールもあって広いのに。」と日本の大きさに納得のいかない様子でした。

　また、年長の5月より始まった英語の先生との関わりから、英語の先生の国である"オーストラリア"や自分の知っている人が"インド"の国の人であったりする事が分かると、「日本よりも大きくていいな。」とうらやましがる声も聞かれました。徐々に、知りたい国が増えていき、「中国はどこ？」「アメリカは？」「ここは何ていう名前の国？」と子ども達から質問が出る事が多くなり、"地球"への関心が高まりました。

　そして、「どうして、青いの？」という疑問が子ども達から出てきました。「空だからじゃない？」「雨の日は暗いよ。」と話し合っていると、「宇宙から見ると、地球の海が見えるって言ってたよ。」と今までの知識から、話始める子どもも出てきました。

　"地球"と"宇宙"がつながり始めました。

プロジェクト第2週目
"宇宙"を知ろう（見本を見せてあげる）

沢山の国がある"地球"は"宇宙"にある事が分かった子どもたちに、次の段階として、自由に観察したり、気付いたり出来るように、図鑑や絵本をおいておきました。

写真3：図鑑から"宇宙"や"星"を見て楽しんでいる　　　　写真4：子ども達が分かる内容の本

すると、子ども達は「太陽も宇宙にあるんだ。一番大きいな。」「地球って宇宙の中では小さいんだね。」「あの綺麗な惑星は何て名前なの？」と"宇宙"について友だちや保育者と話す場面が多く見られるようになりました。

子どもたちが"宇宙は…"①空気がない②明るくない③音がない④歩く事が出来ない、など"地球"では普通に出来る事が"宇宙"では出来ない事や、"宇宙"には車や電車では行けないくらい遠いという事を知ってきた頃、「どうして、飛行機では行けないのかな？」と子ども達に投げかけてみました。

「ロケットって決まっているからじゃないの？」「でも、空を飛ぶんだから飛行機でも行けると思う！」など、色々な考えが出てきました。保育者も知識が浅く、子どもたちに答えを出す事が出来なかったので、「家の人にも協力してもらおう。」と子どもたちに求めました。

写真5：「みてみて！宇宙人が写っているんだよ。」と想像力も膨らみ始めるくらいに"宇宙"が身近に感じられるようになってきました。

すると、「飛行機は空気を燃やしながら飛ぶんだよ。でも、空気がない宇宙に行くには、空気がいらないエンジンを使って飛ぶ事が出来るロケットがいいんだって。」と調べてきてくれる子がいました。又、夜、家の人と一緒に見た月が見た人によって、色や形の感じ方が違う事に気付いたり、流れ星を見た数がお母さんと自分では違う事に悔しがったりするなど、家でも"宇宙"が広がっていきました。

"宇宙"への関心の深まりは、プラネタリウム観覧への期待になっていきました。

プラネタリウム観覧（体験する）

写真6：名古屋市科学館

写真7：始まるのを様々な気持ちで待っている様子

園で感じた事や友だちや保育者との話の中でそれぞれの"宇宙"へのイメージが持てるようになってきた頃に園の行事として出かけました。

外は明るく、暑い夏の昼間であるのに、館内に入ると、静かで、ゆったりとした雰囲気に子どもたちの興奮した気持ちも段々と落ち着いてきました。そして、少しずつ、暗くなり、頭上に星空が広がり始めると、「わぁ～。」と感動の声が聞かれました。1つ1つの星をつなげていくと、それぞれが形になり"星座"になっていく事やそれらにまつわるお話を楽しみました。星に囲まれている空間はまるで"宇宙"にいるような感じでした。そして、最後は、ロケットに乗っているような速さで色々な惑星の間をくぐり抜けて、自分達の住んでいる地球に戻ってきました。

周囲が明るくなり、自分達がプラネタリウムに来ている事を改めて実感した子どもたちは、「すっごくきれいだったね。」「私、地球を見たよ。」「太陽もあったな。」「惑星がどんどんやって来て、ぶつかりそうで怖かったよ。」など、感動した事を皆で共有出来ました。

　又、展示コーナーでは、宇宙から落ちてきた本物のロケットを手で触れ、重いと思っていたロケットの部品が軽い事に驚きました。写真やミニチュアで、宇宙の様子や実際に宇宙で行っている仕事についても知る事も出来たので、ますます"宇宙"が身近になったように感じられました。

写真8：宇宙の写真やロケットの部品やかけら。今日の太陽を見る事も出来た

写真9：本物の望遠鏡で、展示されている星を見る事が出来る

　毎日の保育では話をしたり、絵本を見せたりする事が子どもたちに伝える為の手段となっていますが、今回、実際に夜空や宇宙を体験できたプラネタリウム観覧は、子ども達にとって素晴らしい経験となり、知識になっていったと思います。

　子ども達のイメージが広がり、「宇宙に行ってみたいな。」という声が聞かれた事は、とても嬉しい瞬間でした。

写真10、11：日本の裏側の寒い国や土の中を体験している様子。科学館なので、宇宙だけでなく、地球にも触れる事が出来た。

プロジェクト第3週目
"宇宙"を表現しよう（理解を広げてあげる）

"宇宙"への理解を広げていくために、プラネタリウム観覧で感じた事を絵画で表現していきました。
子どもたちが描く"宇宙"のイメージは様々で、ロケットに乗って、沢山の惑星を探険し、自分が宇宙遊泳する様子などを伸び伸びと描いていました。又、惑星が印象的だった子どもは、大きな惑星をきれいな色で表現するなど、プラネタリウム観覧は子どもの心の中に響いていた事が分かりました。又、平面だけではなく、立体として"宇宙"を感じようと"ロケット作り"にも挑戦していきました。「もし、皆で宇宙へ行くなら、どんなロケットにしたい？」と聞くと、「自分なら…」と、積極的に意見が出てきました。今まで、消極的で発表になると泣いてしまった子どもまでも、「ここはこんな風にしたらどうかな？」と自ら立ち上がり、ホワイトボードに描いて提案するなど、友だちとイメージを共有する事を楽しんでいけました。

写真12：クレパスと絵の具で自由に描く

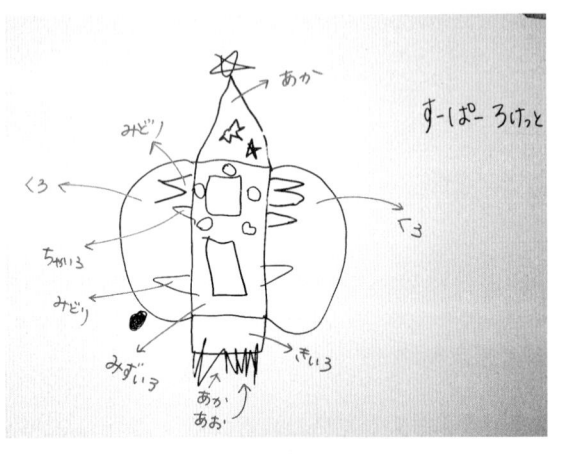

写真13：子ども達が提案して描いたロケットは色や形にもこだわりが見られた

次の段階として、沢山のダンボール箱を部屋の真ん中においで置きました。すると、「ロケットを作り始めるんでしょう！」と集まり始め、「この箱は、僕が（ガム）テープを貼って組み立てるよ。」「大きい箱を上に乗せたらどうかな。」「じゃ、僕が乗せるわ。」「右と左は同じ箱がいいな。」「前はどうする？先生、三角にしてくれる？」など、それぞれが自分のしたい事や役割を考えながら工夫して取り組んでいました。

組み立てが完成すると、「色をつけていこう。」「ここにはアンテナをつけて、レーダーにしよう。」と飾りを作り始めるなど、自分達で戸外や室内での遊ぶ時間の配分をしながら、自分達のロケット作りを楽しんでいる様子が感じられました。

写真15：遊びに出かける前に色つけをする事に決めた女の子達

写真14：図案を参考にしながら、形を組み合わせていく。

写真16：幼稚園の大プール

写真17：水遊び「３．２．１．０発射〜！」と水を打ち上げている

　７月に入り、７月のテーマである『水』もプロジェクトの中に取り入れていました。
「『水』と『宇宙』をつなげていくのは無理ではないだろうか。」と保育者自身、悩み、戸惑いも感じました。しかし、子ども達の中では２つのテーマはしっかりと繋がっていました。水の中で浮いたり、沈んだりする物を見たり、プールの中では息が出来ない事、音が聞こえない事、フワァ〜と体が浮く事を感じたりすると、「何か、宇宙みたいだね。」と楽しんだりする様子が見られました。

写真18：色々な物を持ち寄って浮くのか、沈むのか、試してみているところ

　又、この頃より、イメージの世界から『宇宙』をテーマとしてスポーツデイでの表現発表の取り組みも本格的になってきました。

プロジェクト第４週目
イメージの世界から"宇宙"を表現しよう「スポーツデイ」（理解を深めてあげる）

　スポーツデイがある９月の主となるテーマは『色・形』から学年のテーマ『月・星』です。このテーマに向けて、６月の『宇宙』では色々な国の形、月の形、惑星の色、宇宙の色を感じてきました。７月の『水』では性質や感触を味わいました。それらの経験によって、９月のテーマには、スムーズに入って行く事が出来たような気がします。

　イメージの世界が広がった子ども達は、宇宙飛行士に憧れ、ロケットに乗りたいと願い、少しでも"宇宙"に近づこうとしていました。

　今までは、ただの大きな布（プレバルーン）に感じていた物が、宇宙に行くための準備物であると知ると、それを使って、宇宙への準備を始めるようになりました。又、力なく吹いていたメロディオンが、宇宙の音楽だと感じると、子ども達の演奏がひとつにまとまって、宇宙に旅立つための音楽に聴こえました。

　「知っている。」「出来る。」「やってみたい。」という自信は子ども達の表情を変えていくということを改めて実感した行事でした。

写真19：宇宙飛行士の衣装を着て、なりきっている様子

写真20

写真21

写真22

写真20、21、22：
各クラスで色の違うプレバルーンを、波を立てたり、広げたりして様々な形に変化させていく。最後は、膨らまし、全員プレバルーンの中に隠れる事によって、宇宙への出発をイメージします。

写真23：最後は自分達がロケットに乗り、発射音と共に宇宙に出発する様子

他の競技の中でも、全員で走るリレーでは、リングバトンを惑星に見立てて、銀河系を走り回るような雰囲気を出したり、4人の子どもが長い竹の棒を横1列で持って走る競技（台風の目）では、キラキラした紐を竹に飾り、流れ星にして競争したりしました。子ども達は、競技に一生懸命ではありましたが、"宇宙"の雰囲気は味わえたようで、園での最後のスポーツデイを元気に参加していました。

プロジェクトのまとめ

　行事が近くなってくると"保育者は行事の為に何かをしなければ"と考えてしまいます。それは、その行事を迎える為の単発的な内容です。"子ども達が興味を持って取り組めるように"とは思っているものの、日々の準備や生活に追われてしまい、その事を忘れてしまいがちになる事も多いと感じています。

　しかし、今回は、6月のテーマの『宇宙』からプラネタリウム観覧という経験を経てからスポーツデイという大きな行事を迎えました。

　又、7月のテーマは『水』でしたが、考え方や見方を変えれば、宇宙へのイメージにも繋がっていく事に、子どもの様子から気づかされました。

　9月のテーマである『月・星』は、今までの内容を通して、スムーズに理解に繋げる事が出来ました。それぞれの月でのテーマは違っていますが、どの内容も、プラネタリウム観覧とスポーツデイの2つの行事に繋がっていく為の大切な遊びであり、経験であった事を感じました。

園での生活の中で、行事は子どもたちにとっても、保護者にとっても楽しみな発表の場です。家庭では見られない子どもたちの心身の成長を感じられる場面や友だちと協力しあう素晴らしい姿が沢山見る事が出来ます。ですが、その行事への取り組みが、保育者の一方的な話しだけで進めていけば、子どもたちは「何をしているのか分からない。」「言われた事をやっているだけ。」と感じていて、"内容的には立派な表現であっても本当は子どもたちの心には響いていないのではないかな"と感じています。

　それは、子どもたちがまだ体験をしていない"宇宙"を表現した時の表情や取り組みの様子と、沢山の経験や知識を蓄えた時の子どもたちの気持ちと動きでは、全く違うことから改めて実感しました。

この事から保育者は、1年間の見通しと、毎月のテーマを持って、保育の内容を組み立てる事が大切であると思います。そして、又、子どもの気持ちや様子を常に観察し、子ども達が「へぇ〜そうなんだ。」「面白いね。」と感じた時に、より意欲的な行事へと繋がり、子ども達の自信や行事を通しての生活の豊かさに繋がっていくのだと思いました。

あとがき

　ジェフ（Dr.Jef.van.Kuyk）への感謝をこめて
私が初めてピラミッド・メソッドの講義を受けたのは（1999年）アムステルダム（オランダ）駅前のホテルの一室でした。ジェフが大量の論文や資料を見せながら熱を込めて語るのを黙って聞くだけでした。同席してくれたのは友人のデック（当時のモンテッソーリ教具会社　社長）でした。半日かけて話してくれたジェフの説明は、幅広い心理学理論を駆使した話だけに、時間を忘れて聞き入りました。彼の講義には日本では紹介されていない心理学や教育理論が含まれていて、私には非常に興味深いものでした。彼は言葉強く現代社会に生きる子どもを理解し、導いていくことがますます難しくなってきた時代、新しい理論とメソッド（実践方法）が必要だ、そのためには従来の子どものための教育学・心理学の主流である「ピアジェとヴィゴツキーのバランスのとれた理論」を構築しなければいけないと言う言葉はいまだに記憶しています。21世紀の教育・心理学はダイナミックシステム理論で、従来の静的で並列的な思考では、グローバリゼーション化する社会を捉えられないと言いました。

　その後、彼の私への個人的なレクチャーは、Cito（旧オランダ王立教育評価機構）研究室、ニーホイス（モンテッソーリ教具会社）会議室、そして数回の彼の自宅での勉強会と続きました。それと進行してピラミッド・メソッド普及版の日本語への翻訳作業を進めていましたが、ピラミッド・メソッドを構築する理論的枠組みや学問的な内容は理解できたのですが、私の気持ちの中ですっきりしないもやもやとした気持ちが数年続きました。それは、彼が語る論理的な考え方、特に保育論となると、理解はできても素直になれない抵抗感に近いものでした。彼は根っからの西洋思想に固まった教育心理学者で、私は骨の芯まで日本的な考え方で育ち、西欧の思想や教育学は学んでいましたが、所詮書物から身に付けた考え方であり、生まれて初めてヨーロッパ生活（ドイツ）を体験したのも26歳でした。生身のジェフとの出会いは、ピラミッド・メソッドの理論や実践論と同時に、私とはまったく異なった人生観や趣味、生活習慣（年齢は二つ年下）で迫ってきました。

　彼が唱えるピラミッド・メソッドの幼児教育（保育）は極めて論理的で、子どもの発達や心理状況を言葉で分析（言い尽くす）します。その論理的な説明を聞く私の保育観や子ども理解は、子どもの感情理解に根差した情緒的な理解で、言葉での説明よりも子ども自身の気持をこちら側の感情で理解しようとする態度が染みついていました。このような葛藤を抱きながらの10年でしたが、彼は8回来日し、講演会のすべてを私は通訳する役割を得たことで、ピラミッド・メソッド理論というよりも、ジェフの等身大を通しての現代の西欧思想を学ばされました。また、彼も私や講演会場で出会う多くの保育者から投げかけられる問いかけから、日本人や日本的な考え方も理解し始めたことは確かです。

　日々、マスコミを通して報じられる幼児虐待や子育て放棄、学校現場での痛ましいまでのいじめの実態、勉強が分からないから学校を離れる多くの子ども、さらに若者たちが共有している努力信仰の空しさや「快適症候群」と揶揄される生活実態は、個人的な努力だけの問題では答えの出しようがありません。乳幼児期の育ちや保育・教育環境が人生に大きな影響を与えることは論じるまでもありませんが、保育という臨床の場で必要なのは、目の前の子どもが困っている時に、何につまずいているのかを具体的に説明できる力と支援の具体策という保育方法論を展開（カリキュラムや指導案作り）できる能力です。子どもへの感情理解や心情的意欲を育てる日本的な保育方法に美点はたくさんありますが、臨床的な子ども問題の解決の手段としては充分とは言えません。ジェフというオランダ人が日本に持ち込んだ、四つの基礎石を理論台に据えた巨

大なピラミッド・メソッドという構築物から、学ぶものが多くあるのが今日的子ども状況だと思います。

　原稿という文字に表現するまでに現場で奮闘していただいた各園の諸先生方、短い時間で編集作業に全力を注ぎこんでいただいた編集者の赤澤さん、研究所の勝山さん、そして今回も私の無理を聞いて出版していただいたオクターブ光本社長さんに深く感謝いたします。

辻井　正

NPO法人国際臨床保育研究所
〒543-0001　大阪市天王寺区上本町8-4-11　KIMURAビル5F
TEL：06-6773-3348　FAX：06-6773-3008
www.kiccc.jp

〈参考文献・写真等引用文献〉

1. 子どもの耳を育てる　　　　　　　　　　　　　　　　　　　　大川悦生著　教育出版
2. すごいぞかえるくん　　　（マックス・ベルジュイス文と絵　清水奈緒子訳　セーラー出版）
3. Interactive Reading　　　　　　　　　　　　　　　　　　　　　　　　Jef J. van Kuyk
4. 津波てんでんこ―近代日本の津波史　　　　　　　　　　　　山下文男著　新日本出版社
5. ０歳からの教育　　　　　　　　　　　　　　　　　　島田教明・辻井正共著　オクターブ
6. カルク博士の幼児教育（DVD）　　　　　　　　　　　　　　　　辻井正訳　オクターブ
7. 学力と階層　　　　　　　　　　　　　　　　　　　　　　　苅谷剛彦著　朝日新聞出版
8. オランダの個別教育はなぜ成功したのか　　　　　　　　　　　　リヒテルズ直子　平凡社
9. DEVELOPING SELF-REGULATION　IN MAKE-BELIEVE PLAY：
　　― NEW INSIGHTS FROM THE VYGOTSKIAN PERSPECTIVE ―
　　　　　　　　　　　　　　　　　　　　　　　　　Elena Bodrova and Deborah J. Leong
10. Holistic or Sequential Approach to Curriculum: What Works Best for Young Children?　Jef J. van Kuyk
11. ピラミッドブック　基礎編　　　　　　　　　　　　ジェフ・フォン・カルク共著　辻井正監修
12. 未来の保育園・幼稚園　　　　　　　　　ジェフ・フォン・カルク著　辻井正訳　オクターブ
13. ピサショック―学力は保育で決まる―　　　　　　　　　　辻井正著　オクターブ（絶版）
14. ピラミッド・メソッド・ラーニングブック　　　　　　ジェフ・フォン・カルク共著　辻井正監修
15. プロジェクト型保育　　　　　　　　　　　　　　　　　　　　ジェフ・フォン・カルク著
16. 探究心からの学び―小学校へつなぐ総合的な学力の土台を育む―
　　　　　　　　　　　　　　　　　　　わんぱく保育園（平成23年度堺市幼児教育実践研究報告）
17. Evaluation　　　　　　　　　　　　　　　　　　　　　　　　　　　　Jef J. van Kuyk
18. Holistic or Sequential Approach to Curriculum　　　　　　　　　　　　Jef J. van Kuyk

〈その他参考資料〉

Theoriyscheme　Pyramid　　　　　　　　　　　　　　　　　　　　　　　Jef J. van Kuyk
Projectpiramide2011summery　　　　　　　　　　　　　　　　　　　　　Jef J. van Kuyk
Tools of the mind: strategies for scaffolding make-believe play　　　　　　　Deborah J. Leo
Language development and the development of reading and writing　　　　　Jef J. van Kuyk
Is a Curriculum Needed for Babies and Toddlers?　　　　　　　　　　　　Jef J. van Kuyk

小学校との連携
プロジェクト幼児教育法

2013年2月1日　初版第一刷発行

共編著：ジェフ・フォン・カルク／辻井　正
発行人：光本　稔

発行所：株式会社オクターブ
　　　　〒606-8156
　　　　京都市左京区一乗寺松原町 31-2
　　　　電話：075-708-7168
　　　　FAX：075-571-4373

編　集：赤澤　康宏
カバーイラスト：三宅　かおる

印　刷：株式会社　三星社
製　本：修明社製本株式会社

©Jef J.van Kuyk. Tadashi Tsujii. Octave 2013 printed in Japan
ISBN978-4-89231-103-1 C0037
＊落丁・乱丁本はお取替えいたします。本書の無断転載を禁じます。